COLECCIÓN POPULAR

88

LOS ANTIGUOS MEXICANOS
a través de sus crónicas y cantares

MIGUEL LEÓN-PORTILLA

Los antiguos mexicanos

A TRAVÉS DE SUS CRÓNICAS Y CANTARES

Dibujos de
ALBERTO BELTRÁN

FONDO DE CULTURA ECONÓMICA

Primera edición (Antropología),	1961
Segunda edición (Colección Popular),	1968
Tercera edición, corregida (Antropología),	1972
Cuarta edición, corregida (Colección Popular),	1973
Quinta edición (Lecturas Mexicanas),	1983
Sexta edición (conmemorativa del setenta aniversario del FCE),	2005
Séptima edición (conmemorativa de los cincuenta años de la primera edición, Antropología),	2011
Octava edición,	2015

León-Portilla, Miguel
    Los antiguos mexicanos a través de sus crónicas y cantares / Miguel León-Portilla ; ilus. de Alberto Beltrán. — 8ª ed. — México : FCE, 2015
    317 p. ; 17 × 11 cm — (Colección Popular ; 88)
    ISBN 978-607-16-2828-2

    1. Indios de México — Vida social y costumbres 2. Antropología — México 3. Historia — México prehispánico I. Beltrán, Alberto, il. II. Ser. III. t.

LC F1219   Dewey 972.014 L166a

Distribución mundial

D. R. © 1961, Fondo de Cultura Económica
Carretera Picacho-Ajusco, 227; 14738 México, D. F.
Empresa certificada ISO 9001:2008

Comentarios: editorial@fondodeculturaeconomica.com
www. fondodeculturaeconomica.com
Tel. (55)5227-4672; fax (55)5227-4640

ISBN 978-607-16-2828-2

Impreso en México • *Printed in Mexico*

SUMARIO

PRESENTACIÓN

Civilización con no escasa historia fue la del México Antiguo. Sus sabios dejaron testimonio de su pensamiento acerca de sí mismos y del acontecer de las cosas humanas, vida y muerte, siempre en relación esencial con la divinidad. Los códices o libros de pinturas, sus *teocuícatl*, cantos divinos, los *icnocuícatl*, poemas de honda reflexión, los *huehuetlatolli*, palabras de los ancianos y, como otro ejemplo, el contenido de los *xiuhámatl* o anales, dan prueba de la existencia de esa antigua tradición que ha llegado hasta nosotros.

Sobre la base de tales testimonios hemos creído posible inquirir, siquiera a modo de intento, en aquello que, a la luz de la crítica histórica, puede considerarse como expresión del hombre prehispánico. Acercarnos a lo que fue su vida y cultura, a través de sus crónicas y cantares, éste fue nuestro propósito.

Al publicarse ahora, por tercera vez, este libro, volvemos a tomar conciencia de nuestras limitaciones. Los solos hallazgos de la arqueología —el arte del México Antiguo— obligan ya a pensar en la complejidad y riqueza extraordinarias de su cultura. Difícil, si no imposible, es querer comprender cabalmente un mundo de historia

9

que, siendo antecedente de la propia realidad, se muestra no obstante lejano y oscurecido por problemas de incierta solución. Quizá sólo un ensayo de acercamiento es lo que puede lograrse. Y ello gracias a la relativa abundancia de los testimonios indígenas.

El cronista mexica Tezozómoc, cuya vida transcurrió ya en los tiempos de la Nueva España, pero que participó aún en la antigua tradición, tuvo confianza en que no se perdería el recuerdo. Ciertamente, al menos la versión y transcripción de las crónicas y cantares confieren realidad a sus palabras:

> Nunca se perderá, nunca se olvidará,
> lo que vinieron a hacer,
> lo que vinieron a asentar en las pinturas:
> su renombre, su historia, su recuerdo…
> Siempre lo guardaremos
> nosotros hijos de ellos…
> Lo vamos a decir, lo vamos a comunicar,
> a quienes todavía vivirán, habrán de nacer…

(Crónica Mexicáyotl)

Algunos testimonios donde se conserva "el recuerdo y la historia" otra vez se hacen aquí presentes. Y no ocultaré una alegría: varios de los textos que traduje para este libro han sido esculpidos en los muros de nuestro Museo Nacional de Antropología. Quedan así al lado de la riqueza del arte antiguo. En nueva forma de inscripción vuelven a ser portadores de aquello mismo que antes, con glifos y pinturas, se representó en los códices.

MIGUEL LEÓN-PORTILLA

Agosto de 1970,
Instituto de Investigaciones Históricas,
Ciudad Universitaria, México.

INTRODUCCIÓN

Querer formarse una imagen de todo lo que existe es afán heredado de los griegos. Porque nada más bello ni más placentero para los sabios helenos que el arte de saber contemplar.

Por afortunada coincidencia, los herederos de su cultura —de manera especial los europeos renacentistas— iban a tener ante sus ojos, al finalizar el siglo xv, nada menos que un Nuevo Mundo pletórico de sorpresas. Primero fueron las Antillas, que Colón pensó eran parte de las Indias. Después la Tierra Firme, con ríos inmensos en cuya desembocadura se formaban golfos de agua dulce, y, por fin, el descubrimiento de otro océano, más allá del continente. Pero si todas "esas cosas naturales" del Nuevo Mundo causaban asombro, "las cosas humanas" despertaban todavía mayor interés y admiración.

La presencia de nativos en las islas y Tierra Firme, en su mayoría semidesnudos, que practicaban extraños ritos y vivían en pobres chozas, hizo pensar a los descubridores que estas partes del Nuevo Mundo habían existido hasta entonces enteramente desprovistas de cultura. Sin embargo, una nueva sorpresa aguardaba a quienes iban a penetrar en el interior del continente. Los conquistadores que se adentraron en ese mundo, que tenían por bárbaro, contemplaron dos "a manera de imperios" de pujanza cultural no sospechada. Eran precisamente las dos grandes zonas nucleares, asiento de culturas superiores, dotadas de fisonomía propia. En la parte sur del continente florecía la cultura incaica del altiplano del Perú, y en lo que hoy es la nación mexicana existían las antiguas civilizaciones creadoras de la grandeza maya, mixteco-zapoteca de Oaxaca y náhuatl (tolteca-azteca) del altiplano central de México, para sólo nombrar los focos principales.

Nuestro interés es acercarnos a lo que aquí llamaremos *México Antiguo*, o sea, principalmente la zona central de la actual República Mexicana, en la que florecieron en diversas épocas centros tan importantes como Teotihuacán, Tula, Cholula, Culhuacán, Azcapotzalco, Texcoco, Tlaxcala y México-Tenochtitlan. Poseedores los antiguos mexicanos de conciencia histórica, como lo prueban sus códices y tradiciones, serán fundamentalmente sus propios testimonios los que guiarán este acercamiento a su pasado cultural. Dichos testimonios se conservan en el idioma hablado por los aztecas y sus varios precursores, o sea el *náhuatl*, conocido también como "mexicano" o "azteca".

Otros pueblos no nahuas, como los otomíes, habitaron y habitan aún lugares situados en la zona central de México. Pero, sometidos entonces en diversos grados a los nahuas, no cabe la menor duda de que fueron éstos —al menos desde los tiempos toltecas— los creadores de formas superiores de cultura en el México Antiguo. Son

14

precisamente los testimonios de los antiguos mexicanos de lengua y cultura náhuatl los que hacen posible el tema del presente estudio: descubrir, a través de sus textos, su propia imagen cultural.

Mas, para situar este trabajo dentro de la historiografía acerca del México Antiguo, convendrá recordar al menos en forma sumaria los principales intentos europeos de forjarse una imagen de la vida cultural prehispánica, desde los primeros tiempos de la Conquista.

Llegados los españoles, el jueves santo de 1519, a Chalchiuhcuecan, que llamaron San Juan de Ulúa, en las costas de Veracruz, la realidad cultural que fue saliendo a su paso despertó desde luego su curiosidad y admiración. El 8 de noviembre de 1519 contemplaron Hernán Cortés y su gente por vez primera el corazón del México Antiguo: el Valle con sus lagos y la gran ciudad de México-Tenochtitlan. El estupor que esta vista les produjo los hizo concebir la primera imagen, visión asombrada, del México Antiguo. El pintoresco Bernal Díaz del Castillo tipifica, mejor que nadie, el asombro característico de esta primera imagen europea del antiguo Anáhuac:

Y desde que vimos tantas ciudades y villas pobladas en el agua, y en tierra firme otras grandes poblazones, y aquella calzada tan derecha y por nivel cómo iba a México, nos quedamos admirados, y decíamos que parecía a las cosas de encantamiento que cuentan en el libro de Amadís,

15

por las grandes torres y cúes y edificios que tenían dentro en el agua, y todos de calicanto, y
aun algunos de nuestros soldados decían que si
aquello que veían si era entre sueños, y no es de
maravillar que yo escriba aquí de esta manera,
porque hay mucho que ponderar en ello que no
sé cómo lo cuente: ver cosas nunca oídas, ni aun
soñadas, como veíamos.[1]

A esta primera categoría de "visiones asombra-
das" del México Antiguo siguió pronto otra gran
variedad de imágenes. Unas se debieron a los primeros misioneros, otras a oficiales de la Corona
o viajeros ilustres. Descendientes de la antigua nobleza indígena, mestizos y criollos consignaron
asimismo sus propias ideas acerca de la antigua
cultura. Cambiando los puntos de vista, variaban
también las imágenes y concepciones del México
Antiguo. Existe ya un libro escrito por Luis Villoro, *Los grandes momentos del indigenismo en México*, acerca de esos puntos de vista que hicieron
posibles las imágenes aparecidas durante casi cuatro siglos y medio, a partir de la Conquista. Aquí
mencionaremos sólo las más importantes.[2]

Tras la "visión asombrada" de los conquistadores, surgieron las "imágenes cristianizantes"
de algunos misioneros que, como Motolinía y

[1] Bernal Díaz del Castillo, *Historia verdadera de la conquista de la Nueva España*, 2 vols., México, Porrúa, 1955, t. I,
p. 260.
[2] Véase Luis Villoro, *Los grandes momentos del indigenismo en México*, México, El Colegio de México, 1950.

Mendieta, veían en la religión y otras instituciones indígenas la obra del demonio. Mas a su lado también existieron la "imagen apologética" de De las Casas, así como la "visión integral", auténtica etnografía, de fray Bernardino de Sahagún.

Durante la segunda mitad del siglo XVI comienzan a aparecer otro tipo de imágenes europeas del antiguo mundo indígena. El precursor de este tipo de obras había sido el célebre literato italiano Pedro Mártir de Anglería. Pero las tres grandes síntesis, de carácter más bien informativo, consecuencia de relaciones, cartas y documentos que se iban reuniendo en España, se deben a los cronistas reales Oviedo y Herrera, así como al célebre jesuita José de Acosta.

En México mismo, especialmente a principios del XVII, varios indígenas o mestizos como don Fernando Alvarado Tezozómoc, Chimalpain e Ixtlilxóchitl, descendientes de la antigua nobleza indígena, escribieron en idioma náhuatl o en castellano sus propias historias, basadas principalmente en documentos de procedencia prehispánica. Imbuidos ya en la manera europea de escribir la historia, sus imágenes del mundo antiguo pueden describirse, no obstante, como los primeros intentos indígenas de defender ante el mundo español sus tradiciones e historia. Desde un punto de vista distinto, don Carlos de Sigüenza y Góngora, investigador y coleccionista de documentos indígenas, ofrece asimismo atisbos que, si bien son incompletos, resultan sumamente valiosos.

El siglo XVIII, que contempló el descubrimiento de las dos esculturas aztecas más extraordinarias: la Piedra del Sol y la Coatlicue, iba a ofrecer descripciones contradictorias de la antigua cultura. Por una parte, imágenes detractoras como la del prusiano Paw, según el cual los indígenas, entre otros defectos, "sólo sabían contar hasta el número tres". Por otra, las primeras "imágenes mexicanistas", ejemplificadas en las obras de Clavijero, Márquez y Veytia, que comienzan a dar conciencia a México de su pasado prehispánico, y a difundir simultáneamente su conocimiento en el Viejo Mundo. El caballero Lorenzo Boturini ensayó también por ese tiempo una primera "imagen filosófica", aplicando al estudio del México precolombino las categorías de la *Ciencia nueva* de Juan Bautista Vico.

Más cercanas a nosotros, durante el siglo pasado, aparecen las primeras visiones o imágenes "científicas" del México Antiguo. El barón de Humboldt había presentado al mundo entero lo que podría llamarse una "imagen romántica" de las costumbres e instituciones de los que llamó "pueblos semibárbaros", cuya cultura guardaba, a su juicio, muy estrechas semejanzas con la de las civilizaciones del Asia. Alfredo Chavero y Manuel Orozco y Berra, en sus respectivas *Historias antiguas de México*, dejaron dos grandes síntesis de muy desigual valor. Imbuidos ambos en el *cientificismo* propio de su tiempo, mientras Orozco, más serio y cuidadoso, logró una visión ampliamente informativa, Chavero no escapó, paradójicamente, a su inclinación a fantasear que se trasluce con frecuencia en lo que él hubiera deseado resultara una historia "positiva" del México indígena.

Nuestro propio siglo, finalmente, cauteloso y crítico, se ha limitado en buena parte, más que a intentar nuevas imágenes del México Antiguo, a estudiar sus fuentes: los códices prehispánicos, los textos indígenas transcritos con el alfabeto castellano y los cada vez más numerosos hallazgos arqueológicos. Filólogos y etnólogos como Del Paso y Troncoso, Eduard Seler, Pablo González Casanova y Walter Lehmann; arqueólogos como Manuel Gamio, George Vaillant y Alfonso Caso, han sido eminentes en sus respectivos campos, como lo prueban sus excelentes trabajos monográficos.

La existencia de una rica literatura prehispánica, estudiada con un criterio profundamente humanista por el doctor Ángel M. Garibay K., ha venido a revelar nuevas y extraordinarias dimensiones en el pensamiento y la cultura antiguos. Publicando textos indígenas de carácter poético, histórico, religioso, estético, social, etc., ha abierto Garibay el camino para investigaciones incontables.

Con fundamento en su obra, "leyó" Justino Fernández el simbolismo incorporado a la piedra en la colosal Coatlicue, expresión plástica de la concepción místico-guerrera de los aztecas. Jacques Soustelle se sirvió también de los trabajos de Garibay en su reconstrucción de la vida cotidiana de los aztecas, "imagen moderna y amena del mundo indígena". Finalmente, Laurette Séjourné y quien esto escribe han estudiado desde puntos de

19

vista distintos, pero en estrecha vinculación con los textos indígenas, las más antiguas ideas religiosas relacionadas con la figura de Quetzalcóatl y lo que pudiera describirse como pensamiento filosófico del México Antiguo.

El presente libro quiere ser un paso más en el aprovechamiento de la rica documentación indígena. Al lado de una variedad de imágenes del antiguo México, consignadas en las obras de conquistadores y frailes, humanistas y viajeros, historiadores, filólogos y arqueólogos, se quiere dar un esbozo de lo que pudiera llamarse visión indígena de su propia cultura. Evoca de algún modo el presente intento los trabajos de aquellos descendientes de la antigua nobleza nativa que, como Ixtlilxóchitl, Chimalpain y Tezozómoc, escribieron desde el punto de vista indígena. Sólo que mientras ellos, experimentando todavía en carne propia el trauma de la Conquista, se empeñaban en hacer una defensa de su pasado, aquí sólo se pretende, con métodos distintos, *re-crear* para el hombre contemporáneo y universal los valores humanos de la antigua forma de vida aprovechando los testimonios dejados por los antiguos mexicanos del altiplano central en sus crónicas y cantares en idioma náhuatl o azteca.[3]

[3] El término *náhuatl*, aplicado a la lengua y cultura de los antiguos mexicanos, comprende en forma genérica las varias etapas de su desarrollo, al menos desde los tiempos toltecas, hasta la etapa final de los aztecas y de otros señoríos como los de Tlaxcala, Huexotzinco, etc. Por este motivo, al referirnos a instituciones culturales del México Antiguo, como su arte, su histo-

Alejados de todo *cientificismo*, no se busca la imagen "exacta", fiel reflejo de la realidad que fue. Tal intento sería más bien ingenuidad. Dejando hablar el mayor número de veces posible a los documentos indígenas, a las pinturas de los antiguos códices y a los hallazgos arqueológicos, fuentes todas ellas netamente indígenas, podrá quizá contemplarse algo de la concepción náhuatl prehispánica de la propia cultura.

Más que obra del autor, cabe decir que la presente imagen del México Antiguo se debe a quienes nos legaron el tesoro documental de las fuentes indígenas: los sabios precolombinos, los maestros de los centros educativos del gran mundo náhuatl, los historiadores indígenas y aquellos que, aprendiendo el alfabeto castellano, transcribieron en su propia lengua los poemas y tradiciones, así como el rico contenido de sus códices. La reiterada presentación de esos testimonios indígenas, preservados en museos y bibliotecas, responde al título dado a este trabajo: *Los antiguos mexicanos a través de sus crónicas y sus cantares*.

Sin descender a detalles nimios, ni pretendiendo dar la historia completa de las diversas instituciones culturales del México Antiguo, se han elegido para reconstruir esta imagen varios rasgos fundamentales: la conciencia indígena de su evolución cultural; el modo como concibieron la tradición y la historia; la actitud de los aztecas, creado-

riografía, su sistema educativo, etc., se les aplicará con frecuencia el adjetivo de *náhuatl,* en singular, o de *nahuas,* en plural.

res de un misticismo guerrero y la de los seguidores de las antiguas doctrinas de origen tolteca.

Examinando en las fuentes indígenas, lo más elevado de la cultura del México Antiguo, las manifestaciones de su sentido espiritualista, podrá ensayarse la presentación de lo que pudiera llamarse su legado cultural: los diversos valores que aún hoy día pueden encontrar resonancia en el pensamiento de todo ser humano interesado por los problemas del hombre.

Imagen o visión de una gran cultura, se reflejarán en ella no tanto los hechos escuetos, cuanto la interpretación que les dieron los sabios e historiadores nahuas que participaron en ellos. Porque, con matices distintos, pero igualmente humanos, los sabios de Anáhuac, como los de Grecia, supieron también contemplar al mundo y al hombre, creador de cultura, ligando por el simbolismo de las flores y los cantos "lo que existe sobre la tierra" con el mundo misterioso de los dioses y los muertos. De lo que fue su visión maravillosa, casi mágica, el presente libro será tan sólo un trasunto: afanoso intento de repetir "las palabras verdaderas" que dejaron dichas los sabios antiguos.

I. LOS MILENIOS DEL MÉXICO ANTIGUO

ESCENARIO de incontables formas de acción y vida humana ha sido la altiplanicie central de México, tierra de volcanes y lagos, de fértiles valles y llanuras desérticas. Los especialistas afirman que, juntos, los tiempos prehistóricos y la historia antigua del México central abarcan por lo menos diez mil años. Comparado este largo periodo con los trescientos años de vida colonial y el siglo y medio de moderna nación independiente, se verá que resulta apropiado llamar a los milenios prehispánicos "subsuelo y raíz del México actual".

Quienes vivieron en tiempos antiguos, no ya sólo los aztecas, sino también sus vecinos texcocanos, tlaxcaltecas y otros varios más, así como sus predecesores los toltecas, esos artífices extraordinarios, conservaron por medio de la tradición oral y de sus antiguos códices el recuerdo de su pasado. Dejaron en sus relaciones, mitos, leyendas y poemas —preservados en museos y bibliotecas— la historia, a veces casi mágica, de sus orígenes, sus peregrinaciones y su evolución cultural.

La imagen del México Antiguo que ofrecen los documentos indígenas no siempre coincidirá con la "versión oficial" de la arqueología. En muchos casos será más bien una especie de narración maravillosa, fusión de mitos y realidades.

Para el pensamiento indígena, el mundo había existido, no una, sino varias veces consecutivas. La que se llamó "primera fundamentación de la tierra" había tenido lugar hacía muchos milenios. Tantos que, en conjunto, habían existido ya cuatro soles y cuatro tierras, anteriores a la época presente. En esas edades, llamadas "Soles" por los antiguos mexicanos, había tenido lugar una cierta evolución "en espiral", en la que aparecieron formas cada vez mejores de seres humanos, de plantas y de alimentos. Las cuatro fuerzas primordiales —agua, tierra, fuego y viento (curiosa coincidencia con el pensamiento clásico de Occidente y del Asia)— habían presidido esas edades o Soles, hasta llegar a la quinta época, designada como la del "Sol de movimiento".

Los primeros hombres habían sido hechos de ceniza. El agua terminó con ellos, convirtiéndolos en peces. La segunda clase de hombres la constituyeron los gigantes. Éstos, no obstante su gran corpulencia, eran en realidad seres débiles. El texto indígena dice que, cuando se caían por algún accidente, "se caían para siempre". Los hombres que existieron durante el tercer Sol o Edad del Fuego tuvieron asimismo un trágico fin: quedaron convertidos en guajolotes. Finalmente, respecto de los hombres que moraron en el cuarto Sol, refiere el mito que, no obstante el cataclismo que puso fin a esa edad, los seres humanos no se convirtieron ya ni en peces ni en guajolotes, sino que se fueron a vivir por los montes transformados en lo que el texto llama *tlacaozomatin,* "hombres-monos".

La quinta edad en que ahora vivimos, la época del "Sol de movimiento", tuvo su origen en Teotihuacán y en ella surgió también la grandeza tolteca con nuestro príncipe Quetzalcóatl. Debe añadirse que, si bien el texto indígena que a continuación se ofrece no menciona expresamente la evolución que llevó a la aparición de alimentos cada vez mejores, esta ausencia se suple en parte con el antiguo testimonio de la *Historia de los mexicanos por sus pinturas,* que asigna sucesivamente para cada una de las edades las siguientes formas de mantenimiento: primero bellotas de encina, en seguida "maíz de agua", luego *cincocopi,* o sea, "algo muy semejante al maíz", y finalmente para la cuarta edad —última de las que han existido, según esa relación— el maíz genuino, nuestro sustento, descubierto por Quetzalcóatl.

Tales son los rasgos que parecen caracterizar el mito indígena de los soles. Cada edad o sol termina siempre con un cataclismo. Pero en vez de volver a repetirse una historia, fatalmente idéntica a la anterior, el nuevo ciclo, ascendente en espiral, va originando formas mejores. El texto que aquí se transcribe proviene de una antigua recopilación de Cuauhtitlán:

> Se refería, se decía
> que así hubo ya antes cuatro vidas,
> y que ésta era la quinta edad.

Como lo sabían los viejos,
en el año 1-Conejo
se cimentó la tierra y el cielo.
Y así lo sabían,
que cuando se cimentó la tierra y el cielo,
habían existido ya cuatro clases de hombres,
cuatro clases de vidas.
Sabían igualmente que cada una de ellas
había existido en un Sol [una edad].

Y decían que a los primeros hombres
su dios los hizo, los forjó de ceniza.
Esto lo atribuían a Quetzalcóatl,
cuyo signo es 7-Viento,
él los hizo, él los inventó.
El primer Sol [edad] que fue cimentado,
su signo fue 4-Agua,
se llamó Sol de Agua.
En él sucedió
que todo se lo llevó el agua.
Las gentes se convirtieron en peces.

Se cimentó luego el segundo Sol [edad].
Su signo era 4-Tigre.
Se llamaba Sol de Tigre.
En él sucedió
que se oprimió el cielo,
el Sol no seguía su camino.
Al llegar el Sol al mediodía,
luego se hacía de noche
y cuando ya se oscurecía,
los tigres se comían a las gentes.

Y en este Sol vivían los gigantes.
Decían los viejos
que los gigantes así se saludaban:
"no se caiga usted",
porque quien se caía,
se caía para siempre.

Se cimentó luego el tercer Sol.
Su signo era 4-Lluvia.
Se decía Sol de Lluvia [de fuego].
Sucedió que durante él llovió fuego,
los que en él vivían se quemaron.
Y durante él llovió también arena.
Y decían que en él
llovieron las piedrezuelas que vemos,
que hirvió la piedra *tezontle*
y que entonces se enrojecieron los peñascos.

Su signo era 4-Viento.
Se cimentó luego el cuarto Sol,
se decía Sol de Viento.
Durante él todo fue llevado por el viento.
Todos se volvieron monos.
Por los montes se esparcieron,
se fueron a vivir los hombres-monos.

El quinto Sol:
4-Movimiento su signo.
Se llama Sol de Movimiento,
porque se mueve, sigue su camino.
Y como andan diciendo los viejos,
en él habrá movimientos de tierra,

habrá hambre
y así pereceremos.

En el año 13-Caña,
se dice que vino a existir
nació el Sol que ahora existe.
Entonces fue cuando iluminó,
cuando amaneció,
el Sol de Movimiento que ahora existe.
4-Movimiento es su signo.
Es éste el quinto Sol que se cimentó,
en él habrá movimientos de tierra,
en él habrá hambres.[1]

Este Sol, su nombre 4-Movimiento,
éste es nuestro Sol,
en el que vivimos ahora,
y aquí está su señal,
cómo cayó en el fuego el Sol,
en el fogón divino,
allá en Teotihuacán.
Igualmente fue este Sol
de nuestro príncipe, en Tula,
o sea de Quetzalcóatl.[2]

Creado el quinto Sol en el fogón divino de Teotihuacán, los antiguos dioses se preocuparon por
plantar una nueva especie humana sobre la tierra.
La creación de los nuevos hombres iba a llevarse

[1] *Anales de Cuauhtitlán,* fol. 2.
[2] *Ms. de 1558,* fol. 77.

a cabo, aprovechando los despojos mortales de los seres humanos de épocas anteriores.

LA RESTAURACIÓN DE LOS SERES HUMANOS

Fue Quetzalcóatl, símbolo de la sabiduría del México Antiguo, quien aceptó el encargo de restaurar a los seres humanos, así como proporcionarles después su alimento. Quetzalcóatl aparece en las antiguas leyendas realizando un viaje al Mictlan, "la región de los muertos", en busca de los "huesos preciosos" que servirán para la formación de los hombres:

FIGURA. 1. *Los cinco soles* (Piedra del Sol)

Mictlantecuhtli, señor de la región de los muertos, pone una serie de dificultades a Quetzalcóatl para impedir que se lleve los huesos de las generaciones pasadas. Pero Quetzalcóatl, ayudado por su doble o *nahual*, así como por los gusanos y las abejas silvestres, logra apoderarse de los huesos para llevarlos luego a Tamoanchan. Allí, con la ayuda de Quilaztli, molió los huesos y los puso después en un barreño precioso. Sangrándose su miembro sobre ellos, les infundió luego la vida. Los hombres aparecen así en el mito como resultado de la penitencia de Quetzalcóatl. Con su sacrificio, Quetzalcóatl "mereció" su existencia. Precisamente por esto se llamaron los hombres *macehuales*, que quiere decir "los merecidos por la penitencia":

Y en seguida se convocaron los dioses.
Dijeron: —"¿Quién vivirá en la tierra?
Porque ha sido ya cimentado el cielo,
y ha sido cimentada la tierra
¿quién habitará en la tierra, oh dioses?"
Estaban afligidos
Citlalinicue, Citlaltónac,
Apantecuhtli, Tepanquizqui,
Quetzalcóatl y Tezcatlipoca.

Y luego fue Quetzalcóatl al Mictlan,
se acercó a Mictlantecuhtli y a Mictlancíhuatl
y en seguida les dijo:
—"Vengo en busca de los huesos preciosos
que tú guardas,

30

vengo a tomarlos".
Y le dijo Mictlantecuhtli:
—"¿Qué harás con ellos, Quetzalcóatl?"
Y una vez más dijo [Quetzalcóatl]:
—"Los dioses se preocupan porque alguien viva en
   la tierra".
Y respondió Mictlantecuhtli:
—"Está bien, haz sonar mi caracol
y da vueltas cuatro veces
alrededor de mi círculo precioso".

Pero su caracol no tiene agujeros;
llama entonces [Quetzalcóatl] a los gusanos;
éstos le hicieron los agujeros
y luego entran allí los abejones y las abejas
y lo hacen sonar.
Al oírlo Mictlantecuhtli dice de nuevo:
—"Está bien, toma los huesos".
Pero dice Mictlantecuhtli a sus servidores:
—"¡Gente del Mictlan!
Dioses, decid a Quetzalcóatl
que los tiene que dejar".
Quetzalcóatl repuso:
—"Pues no, de una vez me apodero de ellos".
Y dijo a su *nahual:*
—"Ve a decirles que vendré a dejarlos".
Y éste dijo a voces:
—"Vendré a dejarlos".

Pero luego subió,
cogió los huesos preciosos.
Estaban juntos de un lado los huesos de hombre

31

y juntos de otro lado los de mujer
y los tomó
e hizo con ellos un ato Quetzalcóatl.
Y una vez más Mictlantecuhtli dijo a sus servidores:
—"Dioses, ¿de veras se lleva Quetzalcóatl
los huesos preciosos?
Dioses, id a hacer un hoyo".
Luego fueron a hacerlo
y Quetzalcóatl se cayó en el hoyo,
se tropezó y lo espantaron las codornices.
Cayó muerto
y se esparcieron allí los huesos preciosos,
que mordieron y royeron las codornices.

Resucita después Quetzalcóatl,
se aflige y dice a su *nahual:*
—"¿Qué haré, *nahual* mío?"
Y éste le respondió:
—"Puesto que la cosa salió mal,
que resulte como sea".
Los recoge, los junta,
hace un lío con ellos,
que luego llevó a Tamoanchan.

Y tan pronto llegó
la que se llama *Quilaztli,*
que es *Cihuacóatl,*
los molió
y los puso después en un barreño precioso.
Quetzalcóatl sobre él se sangró su miembro.
Y en seguida hicieron penitencia los dioses
que se han nombrado:

Apantecuhtli, Huictlolinqui, Tepanquizqui,
Tlallamánac, Tzontémoc
y el sexto de ellos Quetzalcóatl.
Y dijeron:
—"Han nacido, oh dioses,
los *macehuales* [los merecidos por la penitencia].
Porque, por nosotros
hicieron penitencia [los dioses]".[3]

Restaurados los *macehuales,* para poder vivir
necesitaban alimentarse. Quetzalcóatl echó sobre
sí una vez más la empresa de redescubrir para
ellos el maíz, "nuestro sustento".

Quetzalcóatl conocía a la hormiga negra que
sabía dónde se hallaba escondido el que va a ser
"nuestro sustento". Haciéndose encontradizo con
ella, Quetzalcóatl la acosa a preguntas, hasta que
la hormiga se rinde y lo guía hasta el Tonacaté-
petl, que significa "monte de nuestro sustento", o
sea, del maíz. Llegados allí, Quetzalcóatl obtuvo
el maíz para dioses y hombres, ya que las mismas
divinidades, al conocer el hallazgo de Quetzalcóatl, probaron también el maíz desgranado.
Después, Quetzalcóatl puso maíz en los labios de
los primeros hombres, Oxomoco y Cipactónal, antigua pareja de seres humanos, cultivadores del
maíz, para que comiéndolo —como dice el texto— "se hicieran fuertes".

De esos primeros hombres, especie de Adán y
Eva del mundo náhuatl, descienden, según el pen-

---

[3] *Ms. de 1558,* fols. 75-76.

samiento indígena, todos los seres humanos. Sólo que mientras estos antiguos mitos situaban la creación del hombre en lugares cercanos como Teotihuacán, los documentos de carácter histórico acerca de sus más remotos orígenes culturales hablan de grandes peregrinaciones, desde tierras lejanas, acerca de las que muchas veces nadie puede acordarse. Parece existir así, entre los textos que se han citado y los que a continuación se presentan, una diferencia fundamental. Los primeros se sitúan por sí mismos en el campo del mito; los segundos parecen constituir los primeros vestigios en la historia de la altiplanicie central de México.

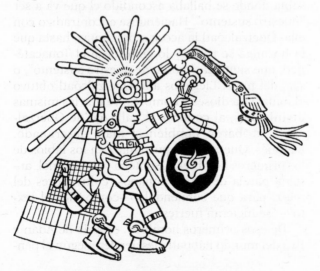

FIGURA 2. *Quetzalcóatl* (Códice Borbónico)

Hablan los informantes indígenas de Sahagún de una remota llegada por la orilla del mar, "por donde ahora se dice Panutla", o sea, por las costas del Golfo de México, a la altura de la moderna ciudad de Tampico. Quienes por allí vinieron a estas tierras llegaron a establecerse en un lugar llamado *Tamoanchan,* que según los mismos informantes quiere decir "nosotros buscamos nuestra casa". La arqueología no ha podido identificar el sitio donde existió Tamoanchan. Para Eduard Seler, se trataba tan sólo de un lugar mítico, origen de dioses y hombres. Otros lo han situado en la Huasteca Potosina, y algunos, como el célebre obispo Plancarte, en el estado de Morelos. El hecho es que, según esta vieja tradición, Tamoanchan fue el sitio donde floreció por primera vez la cultura, heredada después por los varios pueblos de idioma náhuatl:

> He aquí el relato
> que solían decir los viejos:
> "En un cierto tiempo
> que ya nadie puede contar,
> del que ya nadie ahora puede acordarse...
> quienes aquí vinieron a sembrar
> a los abuelos, a las abuelas,
> éstos, se dice,
> llegaron, vinieron,
> siguieron el camino,
> vinieron a terminarlo,
> para gobernar aquí en esta tierra,

que con un solo nombre era mencionada,
como si se hubiera hecho esto un mundo pequeño.

Por el agua en sus barcas vinieron,
en muchos grupos,
y allí arribaron a la orilla del agua,
a la costa del norte,
y allí donde fueron quedando sus barcas,
se llama Panutla,
quiere decir, por donde se pasa encima del agua,
ahora se dice Panutla [Pánuco].
En seguida siguieron la orilla del agua,
iban buscando los montes,
algunos los montes blancos
y los montes que humean,
llegaron a *Quauhtemalla* [Guatemala],
siguiendo la orilla del agua.

Además no iban
por su propio gusto,
sino que sus sacerdotes los guiaban,
y les iba mostrando el camino su dios.
Después vinieron,
allá llegaron,
al lugar que se llama Tamoanchan,
que quiere decir "nosotros buscamos nuestra casa".[4]

Y en el lugar llamado *Tamoanchan*
largo tiempo hubo señorío:

[4] Informantes de Sahagún, *Códice Matritense de la Real Academia*, fol. 191 r. y v.

después pasó el señorío
al lugar llamado *Xomiltepec*
y allí en Xomiltepec
se convocaron los señores,
los ancianos, los sacerdotes.

Dijeron:
—"El Dueño del cerca y del junto nos ha llamado,
ha llamado a cada uno de los que lo tienen por dios".
Dijeron:

—"Porque no viviremos aquí,
no permaneceremos aquí,
vamos a buscar una tierra.
Allá vamos a conocer
al que es Noche y Viento,
al Dueño del cerca y del junto".[5]

De Tamoanchan, que puede considerarse de algún modo origen mítico de la cultura en el México central, dicen los textos que pasaron los antiguos pobladores al "lugar donde se hacen los dioses", a *Teotihuacán*. Allí iba a surgir el más grande centro ritual, raíz e inspiración, según parece, de muchas de las instituciones culturales del mundo indígena posterior.

[5] *Ibid.*, fol. 191 v.

EL ESPLENDOR CLÁSICO
(SIGLOS IV-IX D. C.)

Durante los primeros siglos de la era cristiana sitúan los arqueólogos la aparición de las más antiguas ciudades mayas, como Uaxactún, Tikal, Piedras Negras, Yaxchilan y Palenque; los monumentos clásicos de Monte Albán en Oaxaca, y en el centro de México, la ciudad de los dioses, Teotihuacán, con sus dos colosales pirámides y sus incontables palacios y adoratorios.

Los textos indígenas del mundo náhuatl del siglo XVI (aztecas, texcocanos, tlaxcaltecas, etc.) dan su propia versión acerca de la fundación de Teotihuacán. Relacionando a la ciudad de los dioses con el mito de las edades o soles, afirmaban que en ella había tenido lugar en tiempos remotos la creación del quinto Sol, y de la Luna, que alumbran a la humanidad en la edad presente:

>Cuando aún era de noche,
>cuando aún no había día,
>cuando aún no había luz,
>se reunieron,
>se convocaron los dioses
>allá en Teotihuacán.
>
>Dijeron,
>hablaron entre sí:
>—"¡Venid acá, oh dioses!
>¿Quién tomará sobre sí,
>quién se hará cargo

de que haya días,
de que haya luz?"[6]

Dos fueron los dioses que se ofrecieron. El primero fue el arrogante Tecuciztécatl, "señor de los caracoles"; el segundo fue el modesto Nanahuatzin, cuyo nombre significa "el purulento o bubosillo". Ambos se prepararon, haciendo penitencia, para acometer la empresa de arrojarse a una hoguera y salir de ella transformados en el Sol. Tecuciztécatl comenzó a hacer sus ofrendas para propiciar un buen resultado: él quería convertirse en Sol.

Las ofrendas rituales consistían en ramas de abeto y en bolas de barba de pino, en las que debían colocarse las espinas de maguey con que se punzaba el penitente. Pero el ostentoso Tecuciztécatl ofreció plumas de quetzal en vez de ramas de abeto y bolas de oro con espinas hechas de piedras preciosas. Y todavía más, en lugar de punzarse y ofrecer su propia sangre, se contentó con presentar sus espinas hechas de coral. Nanahuatzin, en cambio, se sangró con abundancia y ofreció auténticas ramas de abeto y agudas espinas de maguey.

Llegado el momento del sacrificio, dispuestos los dos dioses a lanzarse al fuego, Tecuciztécatl fue el primero en hacer un intento. Pero el dios arrogante probó cuatro veces y las cuatro tuvo temor. Por no morir quemado, Tecuciztécatl perdió

---

[6] *Ibid.*, fol. 180.

la oportunidad de convertirse en Sol. Tocó entonces su turno al humilde Nanahuatzin. Todos los dioses reunidos en Teotihuacán contemplaban la escena. Nanahuatzin, cerrando los ojos, se arrojó al fuego hasta consumirse en él, siendo su destino transformarse en el Sol de esta quinta edad. Desesperado, Tecuciztécatl se arrojó entonces también a la hoguera, pero habiéndolo hecho en forma tardía, su destino iba a ser convertirse únicamente en la Luna.

Consumado el sacrificio, los diversos dioses allí reunidos se pusieron a esperar la salida del Sol. Quetzalcóatl y otros varios más lo descubrieron al fin por el oriente. Aparecía esplendente, echando rayos de sí. Poco después apareció también la Luna detrás del Sol, asimismo por el oriente. Para evitar que Sol y Luna estuvieran siempre juntos, uno de los dioses tomó un conejo y lo lanzó contra la Luna, para que ésta sólo alumbrara durante la noche.

Pero todavía quedaba un último problema por resolver a los dioses reunidos en Teotihuacán. Ni el Sol ni la Luna se movían. Los dioses entonces hablaron así:

—"¿Cómo habremos de vivir?
¡No se mueve el Sol!
¿Cómo en verdad haremos vivir a la gente?
¡Que por nuestro medio se robustezca el Sol,
sacrifiquémonos, muramos todos!"[7]

[7] *Loc. cit.*

40

Libremente aceptaron la muerte los dioses, sacrificándose para que el Sol se moviera y fuera posible así la vida de los hombres. Moviéndose al fin el Sol, comenzaron una vez más los días y las noches. Los hombres habían merecido su vida gracias al autosacrificio de los dioses. Por esto, los seres humanos habrían de llamarse en adelante *macehuales*, que quiere decir "merecidos".

Este antiguo mito que ligó así los orígenes cósmicos de nuestra edad con Teotihuacán, la ciudad de los dioses, habría de ejercer en tiempos posteriores considerable influjo en el campo de la religión. Los seres humanos que por el sacrificio habían recibido la vida, habrían de experimentar la necesidad de corresponder con su propia sangre para mantener la vida del Sol.

Interrogados otra vez los mismos informantes indígenas del siglo XVI que refirieron el mito de la creación del Sol en Teotihuacán, dieron asimismo su versión acerca de las pirámides y de la primera forma de cultura que surgió en Teotihuacán. Escuchemos la traducción literal del texto náhuatl:

En seguida se pusieron en movimiento,
todos se pusieron en movimiento:
los niñitos, los viejos,
las mujercitas, las ancianas.
Muy lentamente, muy despacio se fueron,
allí vinieron a reunirse en Teotihuacán.
Allí se dieron las órdenes,
allí se estableció el señorío.
Los que se hicieron señores

fueron los sabios,
los conocedores de las cosas ocultas,
los poseedores de la tradición.
Luego se establecieron allí los principados...

Y toda la gente hizo [allí] adoratorios [pirámides],
al Sol y a la Luna,
después hicieron muchos adoratorios menores.
Allí hacían su culto
y allí se establecían los sumos sacerdotes
de toda la gente.
Así se decía Teotihuacán,
porque cuando morían los señores,
allí los enterraban.
Luego encima de ellos construían pirámides,
que aún ahora están.
Una pirámide es como un pequeño cerro,
sólo que hecho a mano.
Por allí hay agujeros,
de donde sacaron las piedras,
con que hicieron las pirámides,
y así las hicieron muy grandes,
la del Sol y la de la Luna.
Son como cerros
y no es increíble
que se diga que fueron hechas a mano,
porque todavía entonces
en muchos lugares había gigantes...

Y lo llamaron Teotihuacán,
porque era el lugar
donde se enterraban los señores.

Pues según decían:
"Cuando morimos,
no en verdad morimos,
porque vivimos, resucitamos,
seguimos viviendo, despertamos.
Esto nos hace felices".

Así se dirigían al muerto,
cuando moría.
Si era hombre, le hablaban,
lo invocaban como ser divino,
con el nombre de faisán,
si era mujer con el nombre de lechuza,
les decían:
"Despierta, ya el cielo se enrojece,
ya se presentó la aurora,
ya cantan los faisanes color de llama,
las golondrinas color de fuego,
ya vuelan las mariposas".

Por esto decían los viejos,
quien ha muerto, se ha vuelto un dios.
Decían: "se hizo allí dios,
quiere decir que murió".[8]

En Teotihuacán, como lo muestran los incontables descubrimientos que han tenido lugar desde los célebres trabajos dirigidos por Manuel Gamio, hasta los más recientes de Laurette Séjourné, parecen hallarse las raíces y los moldes culturales básicos que después habrán de difundirse por

[8] *Op. cit.*, fol. 195 r.

toda la zona central de México. Así por ejemplo en la arquitectura, sus pirámides con su orientación específica, sus plazas y palacios, son como el paradigma implícito de ulteriores creaciones. Otro tanto puede decirse de sus pinturas murales, su escultura, su cerámica maravillosa y sus trabajos en obsidiana.

Parece ser que también por este tiempo comenzaron a generalizarse en la altiplanicie central el antiguo calendario indígena, así como las pinturas de los códices. Por lo menos así lo afirman los informantes indígenas, quienes refieren que dichos conocimientos habían sido introducidos por los sabios antiguos. Cuando, por seguir un mensaje de su dios, esos sabios se regresaron al oriente, cuatro viejos que habían quedado en el mítico Tamoanchan tuvieron que reinventar "la cuenta de los destinos, los anales, la cuenta de los años y el libro de los sueños". En el capítulo siguiente, hurgando en la connotación propia de lo que pudiera llamarse el concepto indígena de la historia, habrá de precisarse en qué consistían esos libros calendáricos y de los años.

En Teotihuacán fue donde tuvo lugar el máximo esplendor intelectual y material de las culturas antiguas del México central. La sola contemplación de algunas de sus pinturas murales —como las recientemente descubiertas por Laurette Séjourné en el palacio de Zacuala—,[9] así como, en-

[9] Véase Laurette Séjourné, *Un palacio en la ciudad de los dioses*, México, INAH, 1959.

tre otras cosas, el templo de la serpiente emplumada (la llamada "ciudadela"), permite afirmar que en la antigua ciudad de los dioses se aunaba el culto religioso con el arte más refinado. Allí se veneraba desde tiempos antiguos al que se convertiría en símbolo de la sabiduría náhuatl y maya: Quetzalcóatl-Kukulcán. El dios barbado, las cabezas de serpiente emplumada, la tinta negra y roja de las pinturas, todo evoca el recuerdo del antiguo dios bienhechor, origen del espiritualismo del México Antiguo.

Un viejo texto náhuatl, que habla del culto que se daba al dios Quetzalcóatl desde tiempos antiguos, dará una idea, al menos aproximada, del modo como probablemente se veneraba a Quetzalcóatl en la ciudad de los dioses. Quienes le daban culto:

Eran cuidadosos de las cosas de dios,
sólo un dios tenían,
lo tenían por único dios,
lo invocaban,
le hacían súplicas,
su nombre era Quetzalcóatl.

El guardián de su dios,
su sacerdote,
su nombre era también Quetzalcóatl.
Y eran tan respetuosos de las cosas de dios,
que todo lo que les decía el sacerdote Quetzalcóatl
lo cumplían, no lo deformaban.
Él les decía, les inculcaba:

—"Ese dios único,
Quetzalcóatl es su nombre.
Nada exige,
sino serpientes, sino mariposas,
que vosotros debéis ofrecerle,
que vosotros debéis sacrificarle".[10]

En aparente contradicción con la afirmación del texto que habla de un "dios único", se sabe que en Teotihuacán hay también representaciones de otros dioses. Así, por ejemplo, son incontables los símbolos de Tláloc, dios de la lluvia. De Chalchiuhtlicue, compañera de Tláloc, cuya colosal escultura monolítica, encontrada junto a la Pirámide de la Luna, se conserva en el Museo Nacional de Antropología de México. Igualmente han sido descubiertas figuras del antiguo dios de los habitantes arcaicos, Huehuetéotl, el dios viejo, señor del fuego.

Una posible respuesta a la contradicción existente entre la afirmación del texto y lo que muestra la arqueología podrá hallarse en el criterio de algunos sabios o *tlamatinime* nahuas, cuyo pensamiento se conserva en textos indígenas de los siglos XV y XVI. De acuerdo con su interpretación, las diversas divinidades no son en el fondo sino símbolos de las varias fuerzas naturales: el agua, el viento, el fuego y la tierra, que hacen manifiesta la acción de un solo principio supremo, que al

---

[10] Informantes de Sahagún, *Códice Matritense de la Real Academia de la Historia*, fol. 176 r.

ser invocado, recordando su sabiduría, se le nombra Quetzalcóatl, Yohualli, Ehécatl, "el que es como la noche y el viento".

Así, confrontando los hallazgos arqueológicos, entre otros las pinturas de Teotihuacán, que pudieran describirse como antiguos códices incorporados a los muros, con los textos posteriores del mundo náhuatl en los que se reflejan ideas semejantes, es posible llegar a vislumbrar algunos aspectos de la religión y el pensamiento en la ciudad de los dioses. Porque, por apartada que se considere en el tiempo, Teotihuacán, que dejó en millares de figurillas de barro la expresión profunda del rostro de muchos de sus sabios, de sus sacerdotes e hijos, sigue siendo —como lo muestra cada vez más la arqueología— lo que era ya para los pueblos nahuas de tiempos posteriores: la raíz más antigua de su pensamiento religioso, de su arte, y, en una palabra, de las principales instituciones de la ulterior cultura de Anáhuac.

Pero, a pesar de la extraordinaria organización social y política que supone el esplendor teotihuacano, a mediados del siglo IX d. C., sobrevino su misteriosa, y hasta ahora no explicada, ruina. Ésta no fue un hecho aislado y excepcional. En el

mundo maya ocurrió por ese tiempo algo semejante. La ruina y el abandono de los grandes centros rituales de Uaxactún, Tikal, Yaxchilan, Bonampak y Palenque tuvieron lugar en una época muy cercana al colapso de Teotihuacán. Y hay que confesar que hasta la fecha no se ha podido explicar de modo convincente la causa de esto que pudiera llamarse muerte del esplendor clásico del México Antiguo.

TULA Y LAS PRIMERAS CIUDADES NAHUAS DEL VALLE DE MÉXICO (SIGLOS IX-XII D. C.)

Coincidiendo con la ruina de Teotihuacán, o tal vez con sus últimos tiempos, fue surgiendo poco a poco un segundo brote cultural de considerable importancia en Tula, situada a unos 70 kilómetros al norte de la actual Ciudad de México. Como se lee en el mismo texto náhuatl de los informantes de Sahagún citado arriba, algunos de los moradores de Teotihuacán, al sobrevenir la ruina del gran centro ritual, comenzaron a dispersarse:

Primero vinieron allí,
donde se dice *Tollantzinco* [Tulancingo, Hidalgo].
En seguida pasaron a *Xicocotitlan,*
donde se dice *Tollan* [Tula].[11]

---

[11] *Op. cit.,* fol. 196 r.

Desde el punto de vista arqueológico, los hallazgos que han tenido lugar en el antiguo centro religioso de Huapalcalco, inmediato a Tulancingo, muestran vestigios de la presencia allí de los teotihuacanos. Posiblemente algunos de ellos, cuando ya era inminente la ruina de su ciudad, decidieron emigrar. Su estancia en Tulancingo fue más bien breve, ya que, como dice el texto, "de allí, en seguida pasaron a Xicocotitlan, donde se dice Tollan". En este lugar, y aun tal vez en el mismo Tulancingo, nuevos grupos nómadas, venidos del norte, muchos de ellos de filiación y lengua náhuatl, empezaron a recibir el influjo de la antigua cultura clásica.

Poco a poco surgió así el nuevo centro ceremonial de Tula, conservando instituciones e ideas religiosas, como el culto a Quetzalcóatl, derivadas de Teotihuacán. Sólo que en Tula se dejaron sentir también otras influencias. El espíritu guerrero de los nómadas del norte empezó a manifestarse: basta con recordar esas colosales figuras de piedra representando guerreros, algunas de las cuales aún se conservan hoy día en Tula. Cronistas y textos indígenas designan a los moradores de esta ciudad con el nombre de toltecas. En su gran mayoría habían llegado de las llanuras del norte, guiados por su jefe Mixcóatl:

Los toltecas llevaron la ventaja
en todo tiempo,
hasta que vinieron a acercarse a la tierra chichimeca.
Ya no se puede recordar

cuánto tiempo anduvieron.
Vinieron del interior de las llanuras,
entre las rocas.
Allí vieron siete cavernas,
e hicieron esas cuevas sus templos,
su lugar de súplicas.
Y estos toltecas
iban siempre muy por delante.[12]

Quienes habían venido del norte fueron recibiendo el influjo de la antigua cultura. Establecidos primero, según parece, en Culhuacán, al sur de los lagos, posteriormente algunos grupos se fijaron en Tula-Xicocotitlan. Una de las funciones primordiales de Tula iba a ser la de actuar como centro civilizador de los varios grupos de cazadores de filiación náhuatl.

Antes de las exploraciones arqueológicas de Tula, iniciadas en plan sistemático en 1941, se pensaba que en realidad la gran metrópoli de los toltecas había sido Teotihuacán. Descubierta ya la mayor parte de Tula, se modificó el panorama. Considerando a Tula como la capital tolteca, se atribuyó a ella el privilegio de haber sido el gran centro creador de todo el conjunto de artes y más elevados ideales que los nahuas posteriores afirmaban haber recibido de los toltecas. Aceptado esto, Teotihuacán, desde un punto de vista histórico, quedó en la oscuridad. Con toda su grandeza, la ciudad de los dioses, privada de historia

[12] *Ibid.*, fol. 178 r.

50

y de resonancia ulterior, quedaba convertida en una especie de "ciudad fantasma" del México Antiguo.

Sin embargo, un examen más detenido de la documentación náhuatl proveniente de los siglos XV y XVI —en la que se describe con los más vivos colores el conjunto de creaciones de los toltecas y aún se acuña un sustantivo abstracto para designarlas, *toltecáyotl* (toltequidad)— mueve a pensar cómo es posible que toda esa grandeza haya tenido sus raíces en la más bien pequeña ciudad de Tula-Xicocotitlan.

Los toltecas, según el testimonio de los textos, eran grandes artífices, constructores de palacios, pintores y escultores "que ponían su corazón endiosado en sus obras" *(tlayoltehuiani)*, alfareros extraordinarios que "enseñaban a mentir al barro", haciendo toda clase de figurillas, rostros y muñecas. Pero, especialmente se atribuye a ellos el culto del dios Quetzalcóatl, divinidad única, amante de la paz, que condenaba los sacrificios humanos y atraía a sus seguidores a una vida de perfección moral. Decir *tolteca* en el mundo náhuatl posterior (aztecas, texcocanos, tlaxcaltecas...) implicaba en resumen la atribución de toda clase de perfecciones intelectuales y materiales.

Ahora bien, aun cuando no poco de lo dicho pueda aplicarse a quienes edificaron la ciudad de Tula-Xicocotitlan, un elemental conocimiento de la arqueología teotihuacana permite afirmar que casi todo lo bueno y grande que hubo en Tula existió antes en mayor proporción y con mayor refinamiento en la ciudad de los dioses. No significa esto que se pretenda identificar aquí a Teotihuacán con la Tula de los toltecas de que hablan los textos indígenas y los cronistas. El punto que querríamos ver dilucidado es el referente a la más honda raíz de las creaciones culturales del mundo náhuatl significadas en la palabra *toltecáyotl*.

Si dicho concepto implica grandes creaciones arquitectónicas, pirámides y numerosos palacios, pinturas murales, esculturas extraordinarias, una rica y variada cerámica y, sobre todo, el culto antiguo y universal al dios Quetzalcóatl, razonablemente parece difícil dudar de que la raíz de la *toltecáyotl* se encuentra en la ciudad de los dioses: Teotihuacán. Si se desea, puede designarse a sus habitantes con el nombre de teotihuacanos, reservando el de toltecas para los fundadores de Tula. A no ser que se opte por establecer una cierta diferencia dentro del concepto mismo de *tolteca*. Podría llamarse así a los creadores de Teotihuacán, *toltecas antiguos,* y a los de Tula, *toltecas recientes*. Tal designación tendría la ventaja de recordar implícitamente que la relación en que se encuentran Tula y Teotihuacán parece ser la que existe entre una gran metrópoli, que es foco y raíz de una cultura, y otra ciudad menor, que pudiera describirse como resurgimiento posterior, y en menor escala, de la grandeza antigua.

El siguiente texto de los informantes indígenas de Sahagún ofrece una visión de conjunto de lo que fueron los creadores de Tula-Xicocotitlan:

Muchas casas había en Tula,
allí enterraron muchas cosas los toltecas.
Pero no sólo esto se ve allí,
como huella de los toltecas,
también sus pirámides, sus montículos,
allí donde se dice Tula-Xicocotitlan.
Por todas partes están a la vista,
por todas partes se ven restos de vasijas de barro,
de sus tazones, de sus figuras,
de sus muñecos, de sus figurillas,
de sus brazaletes,
por todas partes están sus vestigios,
en verdad allí estuvieron viviendo juntos los toltecas.

Los toltecas eran gente experimentada,
se dice que eran artistas de las plumas,
del arte de pegarlas.
De antiguo lo guardaban,
era en verdad invención de ellos,
el arte de los mosaicos de plumas.
Por eso de antiguo se les encomendaban
los escudos, las insignias,
las que se decían *apanecáyotl*.
Esto era su herencia,
gracias a la cual se otorgaban las insignias.
Las hacían maravillosas,
pegaban las plumas,
los artistas sabían colocarlas,
en verdad ponían en ellas su corazón endiosado.
Lo que hacían era maravilloso, precioso,
digno de aprecio.[13]

[13] *Ibid.*, fol. 173 r.

Y más adelante, planteándose el problema de la filiación étnica y lingüística de los toltecas, expresamente añade el texto indígena que los toltecas no eran gente bárbara *(popolocas)*, sino que pertenecían, como habrían de pertenecer también los aztecas, a la estirpe náhuatl:

> Estos toltecas, como se dice,
> eran nahuas,
> no eran popolocas,
> aunque se llamaban también
> habitantes antiguos...
>
> Eran ricos,
> porque su destreza
> pronto los hacía hallar riqueza.
> Por esto se dice ahora
> acerca de quien pronto descubre riquezas:
> "Es hijo de Quetzalcóatl
> y Quetzalcóatl es su príncipe".
> Así era el ser
> y la vida de los toltecas.[14]

En estrecha relación con el culto de la antigua divinidad suprema, Quetzalcóatl, se sabe que entre estos toltecas hubo un sacerdote de nombre también Quetzalcóatl que se empeñaba en mantener en su pureza el culto tradicional. Los textos abundan en descripciones de los palacios de este gran sacerdote, de sus creaciones y de su forma de vida, consagrada a la meditación y al culto.

[14] *Ibid.*, fol. 176 v.

Concretamente se atribuye al sacerdote Quetzalcóatl la formulación de toda una doctrina teoló-
gica acerca de Ometéotl, el supremo Dios Dual.
Identificando al dios Quetzalcóatl como un título
que evocaba la sabiduría del Dios Dual, el sacerdote Quetzalcóatl, como dice el texto:

Invocaba, hacía su dios a algo
[que está] en el interior del cielo,
a la del faldellín de estrellas, al que hace lucir
    las cosas;
señora de nuestra carne, señor de nuestra carne;
la que está vestida de negro, el que está vestido
    de rojo;
la que ofrece suelo [o sostiene en pie] a la tierra,
el que la cubre de algodón.
Y hacia allá dirigía sus voces,
así se sabía,
hacia el Lugar de la Dualidad (Omeyocan),
el de los nueve travesaños,
con que consiste el Cielo...[15]

Quien así insistía en mantener la pureza del
culto a ese supremo Dios Dual, que vivía más allá
de lo que ven los sentidos, "en Omeyocan, por encima de los nueve travesaños con que consiste el
cielo", tuvo que luchar muchas veces contra quienes se empeñaban en introducir otros ritos, particularmente el de los sacrificios humanos. Las
discordias internas provocadas por quienes esta-

[15] *Anales de Cuauhtitlán*, fol. 4.

ban empeñados en alterar la antigua religión del dios Quetzalcóatl iban a tener por resultado la ruina de Tula hacia mediados del siglo XI d. C. Los antiguos *Anales de Cuauhtitlán* mencionan claramente esto:

Se decía,
se refería,
que cuando gobernaba,
al tiempo en que estaba el primer Quetzalcóatl,
el que se nombraba 1-Caña,
entonces nunca quiso los sacrificios humanos.
Pero después, cuando estuvo gobernando Huémac,
comenzó todo aquello
que luego se hizo costumbre.
Esto lo empezaron los hechiceros...[16]

El sacerdote Quetzalcóatl, que nunca quiso aceptar los sacrificios humanos, acosado por sus enemigos, después de una larga serie de hechos —auténtico drama religioso—, tuvo al fin que marcharse. Sus seguidores, los toltecas que habían aceptado el culto y la tradición antigua, acompañaron en su huida a Quetzalcóatl. Algunos de ellos iban a dispersarse por la orilla de los lagos en el Valle de México y en otros lugares cercanos, estableciéndose así nuevas ciudades de raigambre tolteca. El texto de los informantes de Sahagún, que a continuación se transcribe, refiere en resumen la huida del sacerdote Quetzalcóatl:

[16] *Anales de Cuauhtitlán, loc. cit.*

Y en tal forma creían [los toltecas]
en su sacerdote Quetzalcóatl
y de tal manera eran obedientes,
y dados a las cosas de dios
y muy temerosos de dios,
que todos lo obedecieron,
todos creyeron a Quetzalcóatl,
cuando abandonó a Tula...

Y tanto confiaban en Quetzalcóatl,
que se fueron con él, le confiaron
sus mujeres, sus hijos, sus enfermos.
Se pusieron en pie, se pusieron en movimiento,
los ancianos, las ancianas,
nadie dejó de obedecer,
todos se pusieron en movimiento.

En seguida se fue hacia el interior del mar,
hacia la tierra del color rojo,
allí fue a desaparecer,
él, nuestro príncipe Quetzalcóatl.[17]

Quedó así tan sólo el recuerdo de Quetzalcóatl,
que se había marchado por el oriente a Tlapalan,
"la tierra del color rojo", y la esperanza firme de
que algún día habría de regresar nuevamente,
para salvar a su pueblo e iniciar tiempos mejores.
Los toltecas, seguidores de Quetzalcóatl, se habían dispersado por el Valle de México. Algunos
llegaron también a Cholula, en el Valle de Puebla,

[17] Informantes de Sahagún, *Códice Matritense de la Real
Academia de la Historia*, fol. 180 r.

y aun a sitios sumamente lejanos, como Chichén-Itzá, en Yucatán. El texto que habla de su actuación como fundadores de nuevas ciudades en el Valle de México repite que eran toltecas, y que hablaban el idioma náhuatl:

> Nahuas: éstos hablan el idioma náhuatl,
> con poca diferencia hablan mexicano...
>
> Éstos, según se dice,
> se nombraban a sí mismos chichimecas,
> se llamaban "los dueños de las casas",
> quiere decir, que eran toltecas.
> Dizque a éstos,
> los toltecas, los fueron dispersando,
> cuando se marcharon,
> cuando nuestro príncipe Quetzalcóatl
> se embarcó en el mar,
> para ir a colocarse
> en la tierra del color rojo,
> en el lugar de la cremación.
> Entonces adquirieron vigor
> los señoríos, los principados, los reinos.
> Y los príncipes, señores y jefes
> gobernaron, establecieron ciudades.
> Hicieron crecer, extendieron,
> aumentaron sus ciudades.[18]

Fueron así apareciendo en el Valle de México, desde mediados del siglo XII d. C., nuevos centros

---

[18] *Ibid.*, fol. 180 r. y v.

que iban a convertirse también en focos de cultura. Mezclándose probablemente con grupos nómadas venidos del norte, algunos de ellos de idioma náhuatl y otros tal vez otomíes, dieron principio a ciudades como Coatlinchan, Texcoco, Coyoacán, así como nueva fuerza a poblaciones más antiguas, creadas desde tiempos arcaicos y teotihuacanos: Azcapotzalco, Culhuacán, Chalco, Xochimilco, etc. Bellamente se afirma en el texto indígena que todas esas ciudades comenzaban su vida cuando se establecía en ellas la música:

> Se estableció el canto,
> se fijaron los tambores,
> se dice que así
> principiaban las ciudades:
> existía en ellas la música.[19]

Se inició así en el Valle de México una nueva etapa cultural que Jacques Soustelle ha comparado con el casi contemporáneo primer renacimiento italiano, cuando florecían numerosas ciudades-estado convertidas en nuevos focos de cultura. En ellas, los descendientes de los nómadas chichimecas, súbditos del gran caudillo Xólotl, fueron asimilando la cultura tolteca, en lo que cabe llamar "antiguo proceso de aculturación en los tiempos prehispánicos". La hegemonía sobre el Valle y sus alrededores pasó sucesivamente de una ciudad a otra, siendo durante los siglos XIII y

---

[19] *Loc. cit.*

xiv, primero Culhuacán al sur de los lagos, y luego Azcapotzalco, al poniente, los dos centros de mayor poderío militar y económico.

Tal era el escenario político del Valle de México, cuando, hacia mediados del siglo xiii, hizo su aparición un último grupo nómada, venido también del norte: los aztecas o mexicas, de igual lengua que los moradores del Valle, sin otra posesión que su fuerza de voluntad indomeñable que, en menos de tres siglos, los iba a convertir en los amos supremos del México Antiguo.

Formando parte de las célebres siete tribus, venidas del mítico Chicomóztoc, habían sido aventajados en el tiempo por otros grupos que, como los tlaxcaltecas y huexotzincas, habían atravesado las sierras, para ir a situarse más allá de los volcanes en las cercanías de Cholula, en el Valle de Puebla. Mas, aun cuando tardía, la llegada de los aztecas, "el pueblo cuyo rostro nadie conocía", iba a modificar por completo la fisonomía política no ya sólo de la región de los lagos, sino de toda la zona central y meridional de México.

Los aztecas: el pueblo cuyo rostro nadie conocía

Son muchas las fuentes indígenas que tratan de la peregrinación y padecimientos de los aztecas o mexicas antes de llegar al Valle de México a mediados del siglo xiii d. C. De un antiguo texto náhuatl entresacamos la descripción de algunos de los más dramáticos momentos de su marcha desde las llanuras del norte. La tradición de los viejos afirmaba que su dios, el numen tutelar Huitzilopochtli, les venía hablando, señalándoles el camino que habrían de seguir:

—"Yo os iré sirviendo de guía,
yo os mostraré el camino".

En seguida, los aztecas comenzaron a venir hacia acá,
existen, están pintados,
se nombran en lengua azteca
los lugares por donde vinieron pasando los mexicas.
Y cuando vinieron los mexicas,
ciertamente andaban sin rumbo,
vinieron a ser los últimos.

Al venir,
cuando fueron siguiendo su camino,
ya no fueron recibidos en ninguna parte.
Por todas partes eran reprendidos.

Nadie conocía su rostro.
Por todas partes les decían:
—"¿Quiénes sois vosotros?
¿De dónde venís?"

Así en ninguna parte pudieron establecerse,
sólo eran arrojados,
por todas partes eran perseguidos.
Vinieron a pasar a Coatepec,

vinieron a pasar a Tollan,
vinieron a pasar a Ichpuchco,
vinieron a pasar a Ecatépec,
luego a Chiquiuhtepetitlan.
En seguida a Chapultepec
donde vino a establecerse mucha gente.
Y ya existía señorío en Azcapotzalco,
en Coatlinchan,
en Culhuacán,
pero México no existía todavía.
Aún había tulares y carrizales,
donde ahora es México.[20]

Establecidos momentáneamente en Chapultepec, comenzaron pronto a ser hostilizados por la
gente de Azcapotzalco. Se vieron forzados entonces a continuar su marcha, refugiándose en la región sur del lago, en las inmediaciones del señorío de Culhuacán. Llegados allí, hacia el año de
1299 d. C., suplicaron al señor Coxcoxtli, rey de los
culhuacanos, les concediera algún sitio donde pudieran establecerse. Los culhuacanos, accedien-
do, a pesar de considerarlos unos bellacos *(tlahue-
liloque),* los enviaron a un lugar cercano llamado
Tizapán, en el que, según el historiador Fernando
Alvarado Tezozómoc en su *Crónica Mexicáyotl,*
había tantas alimañas ponzoñosas que podía te-
nerse por una *ical cocohua,* "casa de serpientes".
Su propósito fue que éstas picaran a esas gentes
antes desconocidas y acabaran con ellas:

[20] *Ibid.,* fols. 196 v. y 197 r.

> los aztecas mucho se alegraron,
> cuando vieron las culebras,
> a todas las asaron,
> las asaron para comérselas,
> se las comieron los aztecas.[21]

En vez de morir picados por las víboras, los aztecas les dieron muerte y las convirtieron en su alimento. Así comenzaba a manifestarse el carácter del pueblo azteca, que un siglo y medio más tarde iba a cambiar radicalmente los destinos del México central. En contacto con la gente de Culhuacán, los aztecas empezaron a buscar mujeres entre las hijas de sus vecinos. Así fueron emparentando con aquella gente de origen tolteca.

De este modo vivieron los aztecas hasta el año de 1323, año en el que su dios tutelar Huitzilopochtli les dio a conocer su designio, visto con ojos no aztecas, siniestro. Huitzilopochtli ordenó que fueran a pedir al nuevo rey de Culhuacán, Achitómetl, les cediera a su hija doncella, para convertirla en su diosa Yaocíhuatl, "la mujer guerrera".

Quizá por temor, o tal vez pensando que su hija iba a convertirse realmente en la diosa viviente de los aztecas, el señor de Culhuacán accedió a la petición de éstos. Pero el designio de Huitzilopochtli no era precisamente conservar la vida de la doncella. El dios de la guerra ordenó

---

[21] *Crónica Mexicáyotl*, escrita en náhuatl por don Fernando Alvarado Tezozómoc, México, Instituto de Historia, Imprenta Universitaria, 1949, p. 50.

FIGURA 3. *Huitzilopochtli* (Teocalli del Sol)

que la joven culhuacana fuera sacrificada de inmediato. Con su piel se atavió luego un sacerdote que debía simbolizar a Yaocíhuatl, la mujer guerrera. La última parte de la orden de Huitzilopochtli consistió en imponer a los aztecas que invitaran al anciano señor de Culhuacán, Achitómetl, para que viniera a dar culto a su hija convertida en diosa.

Los culhuacanos vinieron a adorar a la nueva diosa. Llegados ya frente al templo donde se hallaba el sacerdote vestido con la piel de la joven sacrificada, el humo del copal impidió al rey Achitómetl darse cuenta desde el primer momento de lo que allí sucedía. Comenzó a hacer sus sacrificios, degollando codornices, ante quien pensaba que era su hija, viviente diosa de los aztecas. Pero de pronto, al disiparse el humo del incienso, cayó en la cuenta el culhuacano del crimen cometido por quienes habían dado muerte a su hija. Su dolor de padre lo describe así el texto indígena:

Se horrorizó grandemente el señor de Culhuacán,
dio gritos de espanto,
gritó a los señores,
a sus vasallos de Culhuacán,
les dijo:
—¿Quiénes sois vosotros, oh culhuacanos?
¿No veis que han desollado a mi hija?
¡Démosles muerte,
acabemos con ellos,
que mueran aquí los perversos!

Comenzó entonces la lucha,
pero luego se oyó que Huitzilopochtli decía:
—Sé lo que ha pasado,
salíos con tiento,
con cautela escapad de aquí.

Los de Culhuacán persiguieron a los aztecas,
los arrojaron al agua,
los aztecas se fueron a Acatzintitlan.
Todavía entonces los persiguieron los culhuacanos.
Pero los aztecas atravesaron hacia acá,
se vinieron con la flecha y el escudo,
y a quienes no podían vadear el agua,
les puso un puente,
una mujer vestida a la manera antigua,
nadie sabe de dónde vino.
Cuando los aztecas huyeron,
cuando salieron a combatir,

, sus niños estaban durmiendo en las cunas,
otros cuantos gateaban...[22]

Tal fue el comportamiento de los aztecas con la gente de Culhuacán. Siguiendo el mandato de su dios, habían mostrado que su manera de pensar y vivir era distinta de la de los otros pueblos de origen tolteca. Huyendo de la gente de Culhuacán, penetraron en el lago y muy poco tiempo después, el año de 1325, llegaron por fin al lugar donde habían de construir su gran capital: el islote de México-Tenochtitlan. Copiamos a continuación una de las varias versiones en náhuatl, en la que se pinta el hallazgo tantas veces buscado del águila devorando la serpiente, símbolo anhelado que mostraba ser ése el lugar de su destino:

Llegaron entonces
allá donde se yergue el nopal.
Cerca de las piedras vieron con alegría
cómo se erguía un águila sobre aquel nopal.
Allí estaba comiendo algo,
lo desgarraba al comer.

Cuando el águila vio a los aztecas,
inclinó su cabeza.
De lejos estuvieron mirando al águila,
su nido de variadas plumas preciosas.
Plumas de pájaro azul,
plumas de pájaro rojo,

[22] *Ibid.*, p. 59.

todas plumas preciosas,
también estaban esparcidas allí
cabezas de diversos pájaros,
garras y huesos de pájaros.[23]

Establecidos ya los aztecas en México-Tenochtitlan, eligieron allí a su primer señor o *tlatoani*, de nombre Acamapichtli. Durante su gobierno de 21 años, las persecuciones continuaron. Procedían esta vez de los tepanecas de Azcapotzalco, en cuyos límites quedaba comprendido el islote de México-Tenochtitlan.

El señor de Azcapotzalco vio con alarma a los aztecas establecidos en el islote del lago. Reuniendo a los grandes de su gobierno les hizo ver cómo era necesario imponer una serie de vejaciones y tributos a los recién llegados para impedir su engrandecimiento. Varios son los casi increíbles tributos exigidos por los tepanecas de Azcapotzalco a los aztecas. Aquí tan sólo vamos a mencionar uno, siguiendo para esto la relación indígena que se conoce con el nombre de *Códice Ramírez*. Habiendo llamado a los señores aztecas, les ordenó el rey de Azcapotzalco que, así como en años pasados habían traído como tributo una gran balsa toda sembrada con mazorcas de maíz, chile, tomates, bledos, frijoles y calabazas, y con diversas clases de flores, esta vez debían traer además una garza y un pato, echados ambos sobre sus huevos, de tal manera que, lle-

[23] *Ibid.*, p. 66.

gando a Azcapotzalco, sus crías estuvieran picando los huevos.

Cuenta la relación que los aztecas se alarmaron al verse forzados a presentar tan extraño tributo. Pero una vez más Huitzilopochtli intervino. El numen tutelar de los aztecas hizo posible, "sin saber ellos cómo", dice el *Códice Ramírez*, que al presentar el tributo con un pato y una garza empollando sus huevos, en el momento preciso de llegar a Azcapotzalco, los pollos picaran el cascarón.

Muerto Acamapichtli, hacia 1346, le sucedió su hijo Huitzilíhuitl, quien también gobernó otros 21 años. Durante su reinado y durante el de su hermano Chimalpopoca, tercer gobernante de México-Tenochtitlan, siguieron las persecuciones por parte de Tezozómoc, señor de Azcapotzalco. Sin embargo, los aztecas poco a poco, con grandes trabajos, continuaron edificando y engrandeciendo su ciudad.

Su antiguo enemigo, el señor tepaneca de Azcapotzalco, Tezozómoc, ya de edad muy avanzada, había ido mitigando los rigores con que antiguamente había tratado a los aztecas. Pero su muerte, acaecida hacia 1426, vino a cambiar por completo las circunstancias. A Tezozómoc lo sucedió en forma violenta su hijo Maxtlatzin, enemigo acérrimo de los aztecas. Una de sus primeras medidas fue la de mandar asesinar al rey azteca Chimalpopoca en su misma ciudad de México-Tenochtitlan. El peligro de desaparecer por completo parecía inminente. En medio de esta crisis eligieron los señores aztecas a su cuarto rey, de nombre Itzcóatl, hijo de Acamapichtli. Ya en el poder Itzcóatl, refiere la *Crónica Mexicáyotl* que el temor de los aztecas frente a sus enemigos los tepanecas de Azcapotzalco seguía siendo muy grande:

> Mucho se afligían cuando oían,
> cuando se les decía
> que los tepanecas de *Maxtlatzin*
> harían perecer,
> rodearían al son de guerra
> a los aztecas.[24]

Diversos eran los pareceres. Unos, como el mismo rey Itzcóatl, proponían ir a rendirse sumisos ante el señor Maxtlatzin de Azcapotzalco. Otros dudaban. Pero en ese momento decisivo para la vida del pueblo azteca aparece la figura de un hombre extraordinario, Tlacaélel, a quien iba a deberse la creación de una nueva y extraordinaria visión del mundo y, en una palabra, la grandeza toda de su pueblo.

TLACAÉLEL: EL HOMBRE QUE HIZO GRANDES A LOS AZTECAS

Apenas electo el cuarto rey azteca, Itzcóatl, hacia 1427, se vio en la trágica disyuntiva de tener que aceptar servilmente la tiranía de Maxtlatzin, de

---

[24] *Crónica Mexicáyotl*, p. 106.

Azcapotzalco, o reaccionar contra él iniciando la guerra. Fue entonces cuando actuó por vez primera el joven Tlacaélel, de 29 años de edad. Exhortando públicamente a los aztecas que pensaban rendirse, dio principio a la guerra contra Azcapotzalco. Aliándose los aztecas con los también perseguidos texcocanos, después de varios hechos de armas, vencieron por completo a Maxtlatzin, de Azcapotzalco.

Victoriosos los aztecas, Tlacaélel tomó varias medidas que transformaron el pensamiento y la vida de su pueblo. Tlacaélel nunca quiso ser rey. Prefirió actuar sólo como consejero, primero de Itzcóatl y después de Motecuhzoma Ilhuicamina y de Axayácatl. El historiador indígena Chimalpain resume así el triunfo azteca y la primera intervención, fundamental, de Tlacaélel:

Vencieron a los tepanecas de Azcapotzalco,
a los de Coyoacán y Xochimilco
y a la gente de Cuitláhuac.

Fue Tlacaélel quien levantándose,
combatió primero, e hizo conquistas.
Y así sólo vino a aparecer,
porque nunca quiso ser gobernante supremo
en la ciudad de México-Tenochtitlan,
pero de hecho a ella vino a mandar,
vivió en la abundancia y la felicidad.[25]

[25] Domingo F. Chimalpain Cuauhtlehuanitzin, *Sixième et septième relations* (1358-1612), ed. y trad. de Rémi Siméon, París, 1889.

Restablecida la paz, comenzó a actuar Tlacaélel. El rey Itzcóatl, como lo afirma el *Códice Ramírez*, "no hacía más que lo que Tlacaélel le aconsejaba". Sus reformas, que tuvieron como meta crear en el pueblo azteca una nueva visión místico-guerrera del mundo y del hombre, serán estudiadas en detalle al tratar en el capítulo III acerca de lo que llamamos "los cien años del Pueblo del Sol", o sea, precisamente el periodo comprendido entre 1427 y 1521, que vino a ser el breve lapso en que floreció la obra de Tlacaélel.

Ahora sólo mencionamos que el gran consejero de los varios reyes aztecas modificó la versión de la historia de su pueblo, colocó en lo más alto del

Figura 4. *Tlacaélel, el poder tras el trono*

panteón religioso a su antiguo numen tutelar Huitzilopochtli, concibió la idea de edificar el templo máximo en su honor, distribuyó tierras y títulos, dio una nueva organización al ejército, a los *pochtecas* (comerciantes) y, consolidando finalmente la llamada "triple alianza" con el señorío de Texcoco y el reino que hoy llamaríamos "pelele" de Tacuba, sustituto del antiguo Azcapotzalco, inició la serie de conquistas que habrían de llevar a los aztecas hasta Chiapas y Guatemala. Por todo esto, parecen alejadas de cualquier hipérbole las palabras de Chimalpain encomiando la obra de Tlacaélel:

> Ninguno tan valeroso,
> como el primero, el más grande,
> el honrado en el reino,
> el gran capitán de la guerra,
> el muy valeroso Tlacaélel,
> como se verá en los anales.
> Fue él también quien supo hacer
> de Huitzilopochtli el dios de los mexicas,
> persuadiéndolos de ello.[26]

En honor de Huitzilopochtli y de los demás dioses venerados por los aztecas, se celebraron con mayor frecuencia los sacrificios humanos. Para obtener víctimas, Tlacaélel había organizado las famosas "guerras floridas" con los cercanos señoríos, también de lengua y cultura náhuatl, de Tlaxcala y Huexotzinco.

[26] *Ibid.*, p. 106.

La feliz conjunción de Tlacaélel y esos dos monarcas extraordinarios que fueron Itzcóatl y Motecuhzoma Ilhuicamina fue ciertamente el principio y la consolidación de la grandeza de los antiguos mexicanos. La figura de Tlacaélel, de quien llegó a decir a principios del siglo XVII el célebre científico, según parece de origen alemán, Henrico Martínez, que era "a quien se debía casi toda la gloria del imperio azteca",[27] requiere mucha mayor atención que la casi nula, que hasta ahora se le ha concedido. Por esto dedicaremos a su obra un capítulo íntegro.

Los otros reyes o *tlatoque* aztecas, Axayácatl, Tízoc, Ahuízotl y Motecuhzoma II, prosiguieron en diversos grados y formas por el camino trazado por Tlacaélel. Y no deja de causar admiración el pensar que, gracias fundamentalmente a esa nueva visión del mundo, cimentada en la idea de la guerra, ese pueblo cuyo rostro tres siglos antes nadie conocía, llegó a convertirse en el señor supremo del antiguo mundo indígena. Tlacaélel se valió de los elementos de la antigua cultura tolteca que consideró útiles y provechosos, aunque les dio muchas veces un sesgo distinto. En realidad, puede afirmarse que Tlacaélel fue un auténtico reformador.

Es cierto que al lado de los aztecas coexistieron otros señoríos, igualmente de lengua y cultu-

---

[27] Henrico Martínez, *Reportorio de los tiempos e historia natural de Nueva España*, México, Secretaría de Educación Pública, 1948, p. 129.

ra náhuatl, en los que había hombres empeñados en hacer resurgir la antigua visión espiritualista de los tiempos antiguos: la que pudiera llamarse visión del mundo de Quetzalcóatl. La presencia de poetas y pensadores como el célebre Nezahualcóyotl, de Texcoco, y Tecayehuatzin, de Huexotzinco, para no citar otros, da un carácter dramático a este periodo. Mientras los aztecas insisten en una visión místico-guerrera del mundo y de la vida, hay quienes se empeñan por encontrar el simbolismo oculto de las cosas, alejándose de los dardos y los escudos, para dar nueva vida al mensaje del gran sacerdote Quetzalcóatl, que hablaba de un supremo dios único, al que sólo podía llegarse por el camino de la poesía, el simbolismo y, en una palabra, el arte.

Mucho más interesante que la relación exterior de las guerras promovidas por los aztecas, será estudiar el más oculto antagonismo ideológico que reinaba entre figuras prominentes de lo que cabe llamar el gran mundo náhuatl del altiplano central de México que comprendía, como se ha dicho, a los aztecas, texcocanos, tlaxcaltecas, huexotzincas, las zonas dominadas por la "triple alianza" y otros varios señoríos más. Pero, antes de adentrarnos en el estudio de estas diferencias ideológicas, convendrá mostrar la forma en que se conservaba, se transmitía y se enriquecía el legado cultural de estos pueblos. O sea, que parece indispensable poner de manifiesto lo que cabe llamar *el concepto náhuatl de la historia*. Estudiado esto, podremos ver después cómo fueron

74

surgiendo esas diversas, y a veces opuestas, actitudes ideológicas. El capítulo siguiente pretende acercarnos a los centros antiguos, donde se escribía y memorizaba la historia, no ya sólo de los hechos, sino también de las doctrinas, que debían transmitirse a la juventud en los principales señoríos nahuas del siglo XV y principios del XVI.

II. ITOLOCA Y XIUHÁMATL

Dos palabras en idioma náhuatl sirven de título a este capítulo. El subtítulo las traduce para hacerlas comprensibles, aunque sin aclarar todavía el modo peculiar en que concibieron *la historia* los antiguos pueblos del altiplano central de México. Se ha señalado el tema. Se afirma que existieron dos instituciones culturales en el mundo prehispánico, que parecen relacionarse de algún modo con lo que llamamos conciencia histórica. La primera, probablemente la más antigua, se designaba con el vocablo náhuatl *itoloca*, "lo que se dice de alguien o de algo"; la segunda, *xiuhámatl*, equivale a "anales o códices de años".

Evocados estos conceptos, si no se inquiere su peculiar connotación —la que tuvieron en su propia cultura— se correrá el riesgo de equipararlos, como la cosa más obvia del mundo, con los vocablos castellanos "tradición" e "historia". Y estos conceptos, como es obvio, tienen su raíz en un mundo distinto: llegados a nosotros a través de la cultura latina, parecen ser legado de los griegos.

Por esto, quien pretenda obtener una cierta imagen indígena del México anterior a la Conquista no podrá contentarse con conocer y pro-

76

nunciar los vocablos nahuas, *itoloca* y *xiuhámatl*, para darles luego una connotación griega o latina que no es la suya. Una pregunta —verdadero problema— surge entonces. Si se quiere penetrar de veras en la conciencia náhuatl, habrá que buscar ante todo su concepto propio y específico de las instituciones culturales, que, al menos en apariencia, se piensa que guardan semejanza con lo que llamamos "tradición" e "historia".

Varios textos indígenas en idioma náhuatl parecen ofrecer una posible respuesta. Sin embargo, no debe olvidarse cuán difícil resulta acercarse a mentalidades distintas. Quizá, únicamente dejando hablar a quienes vivieron en la esfera cultural del México Antiguo, escuchando viejas relaciones estrechamente ligadas con nuestro tema, podrá lograrse un eventual acercamiento. El esfuerzo vale la pena. Se trata de comprender el modo en que tomaron conciencia de su pasado los creadores de una cultura superior que constituye, precisamente, la más antigua raíz del México actual.

LOS EMPEÑOS DE UN PUEBLO POR RECORDAR SU PASADO

Existe una vieja relación en náhuatl, con frases dotadas de un cierto metro o ritmo poético, que ayudó a que se fijaran en la memoria, en la que se conserva lo que pudiera describirse como "antiquísima *reinvención* náhuatl de la historia". Los ancianos informantes indígenas, que habían

77

traído sus libros de pinturas para responder a las preguntas de fray Bernardino de Sahagún, pronunciaron este que cabe llamar antiguo poema, al ser interrogados acerca de sus orígenes étnicos. Hablando del "antiguo discurso, que solían decir los viejos", mencionaron una remota llegada de antiguos pobladores que tras larga peregrinación:

> Llegaron, vinieron,
> siguieron el camino,
> vinieron a terminarlo,
> para gobernar aquí en esta tierra,
> que con un solo nombre era mencionada,
> como si éste fuera sólo un mundo pequeño.[1]

La relación continúa, mencionando el mítico lugar que eligieron aquellos primeros pobladores, llamado Tamoanchan. Convirtiéndose en buscadores de etimologías, sostienen los informantes indígenas que *tamoanchan* significa "nosotros buscamos nuestra casa". En ese lugar, origen mítico de la cultura superior de los nahuas, acerca de cuya localización geográfica tanto se ha fantaseado, vivían con los antiguos pobladores los primeros sabios. Esos hombres designados en náhuatl con la palabra *tlamatini*, "sabedores de cosas", significativamente habían recibido también desde tiempos antiguos el título de *amoxhuaque* o "poseedores de códices".

---

[1] Informantes de Sahagún, *Códice Matritense de la Real Academia de la Historia, loc. cit.*

Los sabios habían llegado de las costas del Golfo. Se ignora quién pudo haberles dado a conocer el arte de escribir o pintar en sus códices. El hecho es que ellos eran por antonomasia los "poseedores de códices". Pero un día sucedió algo imprevisto. Los sabios escucharon la palabra de su dios, de la divinidad suprema que era "como la noche y el viento". Su dios dio la orden de marcharse. Al irse, iban a llevarse consigo las antiguas tradiciones, el arte de la tinta negra y roja que servía para hacer sus pinturas y glifos en las pieles de venado. Escuchemos el texto indígena:

Y allí en Tamoanchan también estaban
    los sabedores de cosas,
los llamados poseedores de códices.
Pero éstos no duraron mucho tiempo,
los sabios luego se fueron,
otra vez se embarcaron,
y llevaron consigo lo negro y lo rojo,
los códices y pinturas,
se llevaron todas las artes de los toltecas,
la música de las flautas...

Dicen que les venía hablando su dios...
Y cuando se fueron,
se dirigieron hacia el rumbo del rostro del Sol.
Se llevaron la tinta negra y roja,
los códices y las pinturas,
se llevaron la sabiduría,
todo tomaron consigo,

los libros de cantos
y la música de las flautas.[2]

La vieja relación indígena presenta entonces el cuadro verdaderamente dramático de la reacción de quienes se quedaban en Tamoanchan, privados ya de la antigua sabiduría. La profunda estimación náhuatl, no ya sólo por la historia y la tradición, sino por lo que hoy llamamos cultura, quedó al descubierto. Idos los sabedores de cosas, los poseedores de códices, parecía imposible seguir existiendo. Se piensa que la existencia sin historia y cultura implica el fin de sus vidas y la terminación misma del universo. Escuchemos el viejo clamor de quienes creen haber perdido para siempre la luz que guiaba su marcha aquí sobre la tierra:

—"¿Brillará el Sol, amanecerá?
¿Cómo irán, cómo se establecerán los *macehuales* [el pueblo]?
Porque se ha ido, porque se han llevado
la tinta negra y roja [los códices].
¿Cómo existirán los *macehuales*?
¿Cómo permanecerá la tierra, la ciudad?
¿Cómo habrá estabilidad?
¿Qué es lo que va a gobernarnos?
¿Qué es lo que nos guiará?
¿Qué es lo que nos mostrará el camino?
¿Cuál será nuestra norma?

[2] *Ibid.*, fols. 191 v. y 192 r.

¿Cuál será nuestra medida?
¿Cuál será el dechado?
¿De dónde habrá que partir?
¿Qué podrá llegar a ser la tea y la luz?"[3]

Pero por una verdadera fortuna, en medio de la confusión reinante, descubrieron quienes allí habían quedado que al menos estaban con ellos cuatro viejos sabios que no quisieron marcharse. Sus nombres eran Tlaltetecuin, Xochicahuaca, Oxomoco y Cipactónal. Tal vez a instancias del pueblo, los cuatro viejos se reunieron y, después de largo deliberar, lograron redescubrir la antigua sabiduría, la antigua forma de preservar el recuerdo de su pasado:

Entonces inventaron la cuenta de los destinos,
los anales y la cuenta de los años,
el libro de los sueños,
lo ordenaron como se ha guardado,
y como se ha seguido
el tiempo que duró
el señorío de los toltecas,
el señorío de los tepanecas,
el señorío de los mexicas
y todos los señoríos chichimecas.[4]

Tal es la relación, pintura dramática de los empeños de un pueblo por no perder la memoria de

[3] *Loc. cit.*
[4] *Ibid.*, fol. 192 v.

su pasado. Mito o realidad, el texto indígena que habla de esa antigua *reinvención* náhuatl de la historia es elocuente por sí mismo. Para los nahuas el recuerdo de su pasado, la tinta negra y roja de sus códices, era la tea y la luz, la norma y la guía que hacía posible encontrar el camino y mantener en pie, no ya sólo la ciudad, sino paradójicamente la tierra misma. Pudiera decirse en resumen que el recuerdo de su pasado y la sabiduría de sus códices eran para los antiguos mexicanos el hachón luminoso que, poblando al mundo de dioses, lo convertía en algo así como un hogar cósmico: existiría en él una lucha sin fin, pero ese combate con todos sus sufrimientos e incertidumbres era susceptible de sentido. El recuerdo de su pasado, los libros de pinturas podían volverlo en cierto modo comprensible.

LOS CÓDICES DEL MUNDO NÁHUATL

Fue sin duda la *itoloca*, que se ha traducido como tradición, "lo que se dice de alguien o de algo", la forma más antigua de preservar entre los nahuas la memoria de su pasado. Como un testimonio de esto, se repite con frecuencia en los relatos transmitidos de generación en generación, conocidos gracias a las recopilaciones de Olmos, Sahagún y sus discípulos, la palabra *quílmach*, que el antiguo diccionario de Molina traduce como "dicen que, dizque", para introducir el testimonio de antiguas tradiciones. Existen así narraciones de mitos, relaciones de largas peregrinaciones, descripciones de pueblos antiguos, de seres extraordinarios, dioses y hombres, que actúan en formas no previsibles.

Sin embargo, cuando el mundo europeo entró en contacto con los creadores de cultura en el altiplano central, como dice un texto, "lo que se decía, se inscribía también en los códices".[5]

Y no se piense que eran escasos los códices o libros de pinturas. A los mismos conquistadores, como a Bernal Díaz del Castillo, les impresionó vivamente encontrar con frecuencia las *amoxcalli* o "casas de códices", así como los sabios o escribanos que las tenían a su cargo. Desde sus primeros contactos con los nativos de la región de Zempoala, escribe Bernal Díaz del Castillo: "Hallamos las casas de ídolos y sacrificios... y muchos libros de su papel, cogidos a dobleces, como a manera de paños de Castilla..."[6]

Y tratando más adelante el mismo Bernal acerca de la grandeza del señor Motecuhzoma, refiere también cómo sus mayordomos llevaban por escrito lo que hoy llamaríamos su contabilidad:

Acuérdome —dice— que era en aquel tiempo su mayordomo mayor [de Motecuhzoma] un gran cacique, que le pusimos por nombre Tapia y tenía cuentas de todas las rentas que le traían a Motecuhzoma, con sus libros, hechos de su papel,

[5] *Anales de Cuauhtitlán* ed. de Walter Lehmann, p. 104.
[6] Bernal Díaz del Castillo, *op. cit.*, t. I, p. 143.

que se dice *amal [ámatl]* y tenían de estos libros
una gran casa de ellos...[7]

Esos libros o códices, de cuyo variado contenido hablan los cronistas, constituían en el mundo náhuatl el complemento de la *itoloca,* "lo que
se dice de alguien o de algo". "En los códices están escritos vuestros cantos, por eso los desple-
gáis junto a los atabales", así hablaba un antiguo
poeta náhuatl, afirmando precisamente esta idea:
los recuerdos, las historias y los cantos se inscri-
bían también en esos libros hechos de papel de
amate, que se plegaban a modo de biombo, o como diría Bernal Díaz, "cogidos a dobleces, como
a manera de paños de Castilla".

No obstante ser pocos los códices indígenas
que actualmente se conservan, resulta posible,
estudiando sus glifos, llegar a formarse un concepto aproximado del método indígena de consignar lo que llamamos su historia. Charles E. Dibble, editor de varios códices nahuas, afirma que
"el escaso conocimiento del estudiante, del método mexicano de hacer dibujos de objetos y de
indicar sonidos, a veces causa perplejidad y des-
aliento".[8]

Los datos que a continuación se ofrecen provienen de un examen de los glifos, principalmente calendáricos, numerales, onomásticos y topo-

[7] *Ibid.,* p. 273.
[8] Charles E. Dibble, "El antiguo sistema de escritura en México", *Revista Mexicana de Estudios Antropológicos,* t. IV, p. 105.

nímicos, de varios códices nahuas de primera importancia. Entre ellos pueden mencionarse el *Borbónico*, el *Códice Aubin*, la *Tira de la Peregrinación*, la *Matrícula de Tributos*, los códices *Xólotl, en Cruz, Mendocino, Azcatitlan, Cozcatzin* y *Mexicanus*. Si bien de éstos, tal vez sólo dos son de confección prehispánica, puede afirmarse que aun los pintados después de la Conquista poseen en alto grado la técnica indígena original. Su examen permite presentar un breve cuadro de las cinco clases principales de glifos, clave para el ulterior estudio del contenido histórico, mitológico, calendárico, de los códices. Especialmente la descripción de los glifos nahuas resulta indispensable para comprender la forma indígena de concebir la historia. Es más, sin esto tampoco podrá entenderse la forma sistemática en que se transmitía la *itoloca* en los diversos centros nahuas de educación de los siglos XV y XVI.

Las cinco clases principales de glifos, algunas de ellas semejantes a las de otras escrituras indígenas, pueden distribuirse de la manera siguiente:

Numerales (representativos de números).

Calendáricos (representativos de fechas).

Pictográficos (representativos de objetos).

Ideográficos (representativos de ideas).

Fonéticos (representativos de sonidos: silábicos y alfabéticos).

Aun cuando obviamente tanto los glifos numerales como los calendáricos deberían incluirse en la categoría general de las representaciones ideográficas, sin embargo, dado su interés e importancia en el estudio de los códices prehispánicos, trataremos de ellos por separado.

Comenzando por los numerales, debe notarse expresamente que constituyen una representación precisa y clara de lo que con todo derecho puede llamarse un sistema indígena de numeración. Como se sabe, los indios del antiguo México tenían como base en su modo de contar al número 20, al que designaban en náhuatl con la voz *cempoalli*, que significa precisamente "una cuenta". Tratándose, pues, de un sistema vigesimal, resultan de fundamental importancia los siguientes números: del 1 al 19; el 20 y las varias veintenas; el 400, que es el producto de 20×20; y el 8 000, que viene a ser el producto de $20 \times 20 \times 20$. Ahora bien, para representar todos estos números, dentro del propio sistema vigesimal existían signos adecuados en la escritura náhuatl.

La unidad se representaba por un punto. Otros tantos puntos representaban otras tantas unidades. Sin embargo, para indicar los números 5, 10 y 15 existían también otras formas, como al tratar del número 20 se verá. Esto sin olvidar que, tanto en Teotihuacán como en las culturas mixteca y maya, los grupos de cinco unidades se representaban por medio de una barra.

El número 20, *cempoalli,* "una cuenta", tenía por signo una bandera (*pantli,* en náhuatl). Con frecuencia, para abreviar, los números 15, 10 y 5 eran representados respectivamente por las tres cuartas partes, la mitad, o una cuarta parte de la bandera.

El 400 estaba representado por una pluma o una cabellera estilizada *(tzontli).* Como en el caso de la bandera, también aquí tres cuartos, un medio o un cuarto de la pluma servían para indicar 300, 200 o 100, respectivamente. Finalmente, el número 8000 tenía por signo una bolsa o talega *(xiquipilli),* e igualmente para representar 2000 o 4000 o 6000 se dibujaba únicamente un cuarto, un medio, o tres cuartas partes del *xiquipilli.*

Resta sólo añadir que hay también casos en que para indicar con brevedad y precisión números bastante elevados, aparecen en los códices dos o más símbolos numéricos multiplicándose. Para representar esto de un modo inequívoco se incluía una cifra dentro de otra, o se colocaban unidas una sobre la otra. Así, por ejemplo, para representar el número 320000 bastaba con colocar encima del *xiquipilli* o bolsa (8000) dos *pantli* o banderas, indicándose así que ambos números 20 + 20 (o sea, 40) y 8000 se están multiplicando.

Así, por medio de estos signos y de sus diversas combinaciones, podían representar los nahuas cualquier cifra por elevada que se piense. Y siendo posible asignar a cada número una posición en función de su valor, ya se deja entender que resultaba fácil llevar a cabo por escrito cualquiera de las cuatro operaciones fundamentales de la aritmética. Orozco y Berra, quien da en su *Historia antigua de México* varios ejemplos del modo en que podían dividir y multiplicar por escrito los nahuas, formula el siguiente acertado juicio acerca de los números nahuas:

Indudablemente menos perfectos que las cifras arábigas, no ceden su lugar distinguido ante otros caracteres de los pueblos antiguos. Su combinación, para nosotros, resulta más clara y científica que la de los números romanos.[9]

Y a quien dudare de la verdad de estas palabras de Orozco y Berra, se le puede aconsejar que intente sumar dos cifras relativamente elevadas, sirviéndose primero de números romanos y luego nahuas, para que compruebe por sí mismo la diferencia.

LA ESCRITURA CALENDÁRICA

Tras habernos ocupado de los signos nahuas que representan números, con igual brevedad trataremos de la segunda clase de glifos: los calendáricos. Como es bien conocido, en el mundo náhuatl había dos calendarios: el llamado *Xiuhpohualli*, "cuenta de los años", y el *Tonalpohualli*, "cuenta de los días".

---

[9] Manuel Orozco y Berra, *op. cit.*, t. I, p. 553.

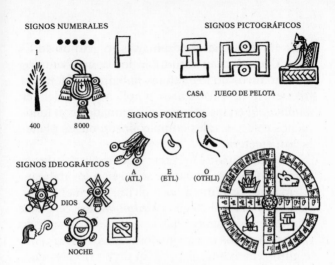

FIGURA 5. *Glifos nahuas*

El primero de éstos, el *Xiuhpohualli*, estaba dividido en 18 "meses" o grupos de 20 días (18 × 20 = 360), a los que se añadían 5 días sobrantes, los famosos y aciagos *5 nemontemi*. Y según el testimonio de Sahagún, había determinados años con 6 *nemontemi*, entendiéndose que a su modo veían la necesidad de corregir el calendario por medio de algo semejante a lo que llamamos "el bisiesto".[10]

El *Tonalpohualli*, "cuenta de los destinos", era una especie de calendario o almanaque adivina-

[10] Fray Bernardino de Sahagún, *op. cit.*, t. I, p. 132, escribe: "Hay conjetura, que cuando agujereaban las orejas a los niños y niñas, que era de cuatro en cuatro años, echaban seis días de *nemontemi* y es lo mismo del bisiesto que nosotros hacemos de cuatro en cuatro años".

torio formado por 20 "semanas" o grupos de 13 días. Quienes han estudiado los conocimientos astronómicos de los nahuas hablan también con frecuencia de varios usos y aplicaciones del *Tonalpohualli* en los cálculos relacionados con fenómenos celestes, tales como eclipses, ciclos planetarios, etcétera.

Pues bien, para la representación escrita de los días en ambos calendarios se servían los nahuas, además de los numerales (del 1 al 13 en el *Tonalpohualli* y del 1 al 20 en el *Xiuhpohualli*), de otros veinte signos o figuras que se combinaban sucesivamente con los mencionados números. Los veinte glifos calendáricos poseían un cierto carácter originalmente pictográfico (representativo de objetos), que se transformó en ideográfico al simbolizar los conceptos que determinan y distinguen los diversos días.

Cuatro de estos mismos glifos, los de *ácatl* (caña), *técpatl* (pedernal), *calli* (casa) y *tochtli* (conejo), se empleaban también para representar, unidos a un numeral, los varios años, dentro de cada ciclo náhuatl o "atadura de 52 años" *(xiuhmolpilli)*. Como lo muestra la llamada "rueda de los años", antiguo documento incluido entre las pinturas de los informantes de Sahagún *(Códice Matritense del Real Palacio)*, había cuatro grupos de 13 años, cada uno de los cuales estaba orientado hacia uno de los cuatro rumbos del universo. Así, los años "caña", del 1 al 13, se referían al "rumbo de la casa de la luz", *tlahuizcalpa* (oriente); los 13 años "pedernal", al "rumbo de los muertos", *mic-*

90

tlampa (norte); los 13 años "casa", al "rumbo de las mujeres", *cihuatlampa* (poniente) y los 13 años "conejo", al "rumbo de las espinas", *huitztlampa* (sur).

Y esa misma distribución de los años en cuatro grupos de trece, que se ve en la mencionada "rueda", parece que se empleaba de modo muy particular en los *xiuhámatl* o "libros de años", donde a modo de crónicas o anales se indicaban, al lado de la cifra y glifo de cada año, los principales acontecimientos que en él tuvieron lugar. Todavía existe uno de estos códices, el llamado *en Cruz*, copia en parte de otro más antiguo que, como anotó Boturini en el *Catálogo* acerca de los documentos por él reunidos:

> explica la historia de tres cyclos [de 52 años cada uno], al uso de aquella tierra, perteneciente a los Reynos de Tetzcuco y México. Es curioso, pintado en quarteles con los caracteres de los años, como en forma de Cruz.[11]

En sus cuadros "en cruz" se abarcan así los hechos principales de los años 1402 a 1453; de 1454 a 1505, y de 1506 a 1557.[12] La reproducción de una parte de la lámina segunda del *Códice en Cruz* muestra de modo claro lo que se ha dicho.

[11] Lorenzo Boturini Benaducci, "Catálogo de su museo histórico indiano", en *Idea de una nueva historia general de la América septentrional*, Madrid, 1746, p. 10.

[12] *Códice en Cruz*, ed. de Charles E. Dibble, comentario y reproducción facsimilar, México, 1942.

Quien la observe con algún detenimiento podrá ver cómo, sirviéndose los nahuas de sus correspondientes glifos numéricos y calendáricos, les era fácil determinar las fechas de los diversos acontecimientos históricos. Véase, por ejemplo, el rectángulo correspondiente al año 11-Pedernal (1464), donde se indica también la fecha del día 12-Serpiente, así como los glifos representativos del nacimiento de Nezahualpilli, señor de Texcoco. De este modo podía determinarse la fecha exacta del año y día de cualquier hecho o suceso que se deseara. Y lo que claramente muestra esta página del *Códice en Cruz* puede asimismo comprobarse en diversos folios de otras pinturas históricas nahuas, como en la *Tira de la Peregrinación*, los códices *Azcatitlan* y *Mexicano*, en los que al lado de cada figura se indica la fecha en que tuvo lugar lo que allí se describe.

La representación pictográfica

Expuesto así lo que a signos calendáricos se refiere, trataremos de la tercera clase de glifos nahuas: los llamados pictográficos o meramente representativos de cosas, personas, dioses, etc. Indudablemente que dentro de las cinco categorías de glifos nahuas son éstos los que pudieran considerarse como más primitivos. Debe notarse, sin embargo, que aun aquí introdujeron los nahuas una cierta esquematización que simplifica la pintura y ayuda a su rápida identificación.

Así, por ejemplo, en casi todos los códices en los que se representa la peregrinación de las siete tribus venidas de Chicomóztoc se pintan de modo muy semejante los *teomamas* o sacerdotes que cargaban a los dioses protectores de cada grupo. Por otra parte, a fuerza de repetir algunas pinturas, llegaron también los nahuas a poseer una técnica que les hacía en extremo fácil su reproducción. Tal es el caso de la pintura de una casa estilizada, o de un esquema del *tlachtli* o juego de pelota; de grupos de guerreros combatiendo; de los *tlatoque*, "señores", sentados en su *icpalli* o silla real; de diversos objetos, tales como mantas, plumas, cacao, bultos de maíz, etc., que podían constituir los varios tributos; de los muertos envueltos a la usanza náhuatl.

Estas y otras muchas pinturas más, de las que se ofrecen algunos ejemplos páginas adelante, muestran la forma y el grado de esquematización alcanzado por los *tlacuiloque*, pintores nahuas, en esta que se considera la manera más primitiva de escritura.

LOS GLIFOS IDEOGRÁFICOS

Pero, al igual que en otras culturas antiguas, pasaron los nahuas de la etapa meramente pictográfica a la de los glifos ideográficos, que representan simbólicamente ideas. Tal es la cuarta clase de signos de que vamos a ocuparnos. Siendo en extremo numerosos, y no existiendo obra alguna en la que siquiera se haya estudiado una parte considerable de ellos, vamos a ofrecer sólo algunos ejemplos de particular interés.

Poseían los nahuas ideogramas adecuados para representar conceptos metafísicos, tales como el de dios *(téotl)*, simbolizado por un Sol; el de movimiento *(ollin)*, el de la vida *(yoliliztli)*, etc. Tenían, asimismo, símbolos para indicar la noche *(yohualli)*; el día *(ílhuitl)*. La palabra se representaba por una voluta que sale de la boca de quien habla; el canto por volutas floridas. En el mundo azteca, la guerra, por el signo del agua y del fuego *(atl, tlachinolli)*. Simbolizaban también el concepto de realidades físicas como la tierra *(tlalli)*; el cielo *(ilhuícatl)*; la idea de algo viejo *(zóltic)*, etc. Y debe notarse que los colores de las pinturas poseían también un simbolismo especial. Así, por ejemplo, en una figura humana el amarillo designaba casi siempre al sexo femenino; el color morado, la realeza del *tlatoani;* el azul, el rumbo del sur; el negro y el rojo, la escritura y el saber.

De modo particular, en los *tonalámatl* o códices de contenido calendárico-adivinatorio, como el *Códice Borbónico*, la presencia de glifos ideográficos —muchos tal vez esotéricos— es sumamente abundante. El conocimiento de la gran mayoría de ellos supone un largo y paciente estudio, hasta ahora por desgracia no emprendido. En resumen, puede afirmarse de estos y otros numerosos ideogramas que constituían, en el mundo náhuatl, una forma de escritura en extremo rica y expresiva, aun desde el punto de vista meramente estético.

Pero, además de ideogramas como los mencionados, se encuentra en los códices e inscripciones nahuas otra clase de glifos de carácter exclusivamente fonético, o representativo de sonidos por lo general silábicos. Esta forma de escritura fonética, la más avanzada de todas las estudiadas en este trabajo, constituye precisamente la quinta categoría de glifos nahuas, según la división arriba propuesta.

LA ESCRITURA FONÉTICA ENTRE LOS NAHUAS

Algunos autores consideran que entre los nahuas esta forma de representación fonética no pasó más allá de la llamada *escritura rebus*. Es ésta una manera de escritura por medio de dibujos de cosas, cuyos nombres son la base para representar varios sonidos que, al unirse, constituyen la palabra que se desea. Así, por ejemplo, para representar en "escritura rebus" la palabra castellana *manómetro*, bastaría con dibujar las figuras yuxtapuestas de una *mano* y de un *metro*. Ya se deja entender que tal forma de escritura adolece de no pocas limitaciones y problemas y se acerca al campo de los acertijos y pasatiempos.

Ahora bien, no puede negarse que la forma de representación fonética náhuatl guarde algunas semejanzas con la "escritura rebus". Sin embargo, debe añadirse que posee también varias características que, en cierto modo, pueden distinguirla claramente de ella. Por esto, en vez de apli-

95

carle simplemente el membrete de "escritura re-bus", preferimos mostrar directamente sus rasgos propios.

Ante todo hay que notar que la escritura fonética náhuatl conocida por los pocos códices que se conservan se empleó principalmente para representar nombres de personas y lugares. Mas, no obstante ser bastante escasos los códices nahuas que escaparon a la destrucción, existe la posibilidad de formular algunos principios generales sobre este modo de escritura:

1º Sabemos con certeza que los nahuas desarrollaron un sistema de glifos para representar fonéticamente numerosas sílabas y algunas letras (la *a, e* y *o*).

2º Esos glifos fonéticos, silábicos y alfabéticos se derivaban, como sucedió en la escritura fonética de otras culturas, de la representación estilizada de diversos objetos, cuyo nombre comenzaba por el sonido que se pretendía simbolizar.

3º La escritura fonética náhuatl llegó a poseer plenamente caracterizados, con unos cuantos rasgos: *a)* glifos silábicos en general; *b)* glifos monosilábicos que representaban prefijos o sufijos, *te-* (referencia a "alguien" o "algunos"), *-tlan* (locativo), *-pan* (encima de...), etc., y *c)* glifos que representaban letras, concretamente, la *a,* como resultado de la estilización del glifo pictográfico de *a-tl* (agua); la *e* del glifo de *e-tl* (frijol), y la *o* del de *o-tli* (camino).

Mas, aun cuando se han publicado algunos pocos diccionarios de elementos fonéticos de la escritura náhuatl, todavía no existe un diccionario completo de los mismos, aprovechando la totalidad de los códices e inscripciones existentes. Más abajo se ofrecen algunos ejemplos de esas clases de glifos fonéticos nahuas. Para valorar mejor el grado de desarrollo cultural que significa el descubrimiento y empleo de dicha escritura indígena, convendrá recordar aquí la opinión del conocido antropólogo norteamericano Alfred Kroeber, quien, al tratar del origen de las diversas escrituras fonéticas inventadas por la humanidad, escribe:

> Si se piensa en la invención de la primera idea de la escritura parcialmente fonética, es concebible que todos los sistemas del Viejo Mundo derivan de una sola invención, aunque aun en ese caso, el sistema maya-azteca [maya-náhuatl], se mantendría como un desarrollo totalmente separado.[13]

De donde resultaría que verosímilmente sólo entre las antiguas culturas del Cercano Oriente y en el México Antiguo es donde de algún modo se dio el paso decisivo hacia la representación fonética.

Valiéndose los nahuas prehispánicos de esta última forma de escritura, así como de sus glifos

[13] Alfred Kroeber, *Antropología general*, 1ª ed. española, corregida por el autor, México, Fondo de Cultura Económica, 1945, p. 278.

pictóricos, ideográficos y calendáricos, al igual que de su sistema de números escritos, poseyeron numerosos códices en muchos de los cuales —como lo notaba fray Diego de Durán— "conservaban sus memorables hechos, sus guerras y victorias... todo lo tenían escrito... con cuentas de años, meses y días en que habían acontecido".[14]

Haciendo un cómputo de los códices nahuas que hoy día se conservan, puede decirse, en resumen, que existen probablemente nueve de origen prehispánico: la *Tira de la peregrinación* y la *Matrícula de tributos*, ambos de origen azteca, relación histórica el primero, y de los tributos que se pagaban a México-Tenochtitlan, el segundo.

Los siete restantes son de contenido fundamentalmente mitológico, calendárico-religioso: el *Códice Borbónico* (azteca) y los seis códices que forman el llamado "grupo Borgia", reconocido como náhuatl de la región cholulteca (cultura Puebla-Tlaxcala) por investigadores como Alfonso Caso y Salvador Toscano: códices *Borgia, Cospi, Fjervary Mayer, Laud, Pintura 20 de la Colección Goupil-Aubin* y *Vaticano B 3773*.

Además de estos nueve códices de procedencia prehispánica, se conservan también en bibliotecas, archivos y museos de América y Europa por lo menos otros 30 códices sumamente importantes, que son en buena parte copias realizadas durante el siglo XVI de antiguos documentos y pinturas indígenas. Entre los más conocidos de

---

[14] Fray Diego de Durán, *op. cit.,* t. II, p. 257.

estos códices pueden mencionarse el *Azcatitlan* y el *Mexicanus,* ambos acerca de la peregrinación de los aztecas; el *Códice Mendocino,* verdadero repertorio sobre las principales instituciones culturales del mundo náhuatl; el *Vaticano A 3738* y el *Telleriano Remensis,* calendáricos y rituales; el *Códice en Cruz,* el *Aubin* y el *Xólotl* con importantes noticias sobre diversos grupos nahuas.[15]

En códices como los mencionados, los *tlahcuiloque* y los demás *tlamatinime* o "sabios", llamados también *amoxoaque,* "poseedores de los códices", consignaban sus conocimientos y recuerdos de hechos pasados de un modo seguro.

El mismo pueblo náhuatl, en general, era consciente de que en esos libros estaban preservadas su historia y su antigua sabiduría. Claramente se vio esto cuando en 1524 los doce primeros frailes venidos a Tenochtitlan comenzaron a expresarse en contra de la religión y modo de pensar indígena; uno de los aztecas que escuchaban, tomando la palabra, pidió a los frailes discutieran con los sabios que aún sobrevivían. La descripción que de esos sabios se hace constituye quizá la más elocuente confesión de la importancia que se daba en el mundo náhuatl a la escritura de los códices. Ellos podrán responder a los frailes:

---

[15] Véase el "Catálogo de los códices indígenas del México Antiguo", preparado por Miguel León-Portilla y Salvador Mateos Higuera, suplemento del *Boletín Bibliográfico de la Secretaría de Hacienda,* México, 1957.

Los que están mirando [leyendo],
los que cuentan [o refieren lo que leen)
los que vuelven ruidosamente
las hojas de los libros de pinturas.
Los que tienen en su poder
la tinta negra y roja, las pinturas.

Ellos nos llevan, nos guían,
nos dicen el camino.

Quienes ordenan cómo cae un año,
cómo siguen su camino
la cuenta de los días
y cada una de sus veintenas,
de esto se ocupan,
a ellos les toca hablar de los dioses.[16]

Tal era el aprecio en que tenían los nahuas a quienes así se ocupaban de preservar y estudiar sus historias y doctrinas —la tinta negra y roja— contenidas en los códices o libros de pinturas.

MEMORIZACIÓN DE TEXTOS:
COMPLEMENTO DE LOS CÓDICES

La breve exposición hecha de las varias formas de escritura náhuatl, mostrando su valor y capa-

[16] *Libro de los colloquios*, versión paleográfica y traducción al alemán de Walter Lehmann, en *Sterbende Götter und christliche Heilsbotschaft*, Stuttgart, W. Kohlhammer, 1949, p. 97.

cidad de expresión, no pretende ocultar en modo alguno sus inevitables limitaciones. Porque, sobre la base de los pocos códices que se conservan, es posible afirmar que, valiéndose de esas formas de escritura, podían consignar los nahuas de manera inequívoca las fechas —año y día precisos— de cualquier acontecimiento. Señalaban asimismo con su sistema de representación fonética el lugar donde éste ocurrió, así como los nombres de quienes en él participaron. Pictográficamente indicaban también numerosos detalles acerca del hecho cuya memoria se confiaba al papel. Finalmente, con su escritura ideográfica eran capaces de simbolizar conceptos abstractos acerca de sus doctrinas religiosas, mitos y ordenamientos jurídicos. En una palabra, con esas diversas formas de escritura, podían trazar los nahuas algo así como cuadros esquemáticos fundamentales acerca de sus doctrinas, cronologías y hechos pasados. En el caso de estos últimos, enmarcándolos siempre en sus circunstancias precisas de espacio y tiempo.

Pero, no obstante tal desarrollo de la escritura náhuatl, ya se deja entender que con frecuencia esos cuadros esquemáticos, calendárico-astronómicos, doctrinales o históricos, requerían ulterior explicación. Porque no era fácil a los nahuas indicar por escrito las causas de un hecho, los rasgos morales de una persona o, en resumen, los innumerables matices y modalidades que ayudan a comprender cabalmente las doctrinas, los acontecimientos y las más variadas acciones humanas.

Conscientes de estas limitaciones, desarrollaron un verdadero complemento de la escritura de sus códices. Como la mayoría de las cosas humanas, ese complemento fue resultado de la sistematización de algo que ya existía desde tiempos antiguos. Entre los nahuas, como en muchos otros pueblos, había surgido de un modo espontáneo lo que se conoce como transmisión oral, de padres a hijos, a través de generaciones. Pues bien, el complemento de la escritura náhuatl de los códices vino a ser en realidad una sistematización de esa forma espontánea de transmisión oral. Fueron sus sabios —los *tlamatinime*— quienes, como vamos a ver, implantaron en los centros de educación ese sistema dirigido a fijar en la memoria de los estudiantes toda una serie de textos-comentarios de lo que estaba escrito en los códices.

Numerosos testimonios de los mismos indios hay en apoyo de la existencia de este complemento sistemático de la escritura. A continuación daremos sólo algunos de los más claros y seguros. En ellos se destaca precisamente la idea de que es en los textos rítmicos aprendidos de memoria —o sea, en los cantares, poemas y discursos— donde se encierra el comentario que explica lo escrito en los códices. Teniendo la mirada fija en el códice, quienes han memorizado en el *calmécac* los himnos y cantares, que son su comentario, podrán referir fielmente todo el contenido del mismo. Como lo expresa bellamente un *cuicapicqui* o poeta náhuatl:

Yo canto las pinturas del libro,
lo voy desplegando,
soy cual florido papagayo,
hago hablar los códices,
en el interior de la casa de las pinturas.[17]

En los *calmécac*, o centros nahuas de educación superior —según el testimonio de los indígenas informantes de Sahagún—, mostrándose a los estudiantes esos libros, se les enseñaba a "cantar sus pinturas":

Se les enseñaba con esmero a hablar bien,
se les enseñaban los cantares,
los que se decían cantares divinos,
siguiendo los códices.

Y se les enseñaba también con cuidado
la cuenta de los días,
el libro de los sueños
y el libro de los años...[18]

Y confirmando esta idea de que los cantares se aprendían "siguiendo" a modo de lección o comentario el contenido de los códices, pueden aducirse también otros testimonios, como el netamente indígena de los *Anales de Cuauhtitlán*,

[17] *Ms. Cantares mexicanos* (Biblioteca Nacional de México), reproducción facsimilar de Antonio Peñafiel, México, 1904.
[18] *Códice Florentino*, ed. de Charles E. Dibble y Arthur J. O. Anderson (The University of Utah y The School of American Research), Santa Fe, Nuevo México, 1950-1957, lib. III, p. 65.

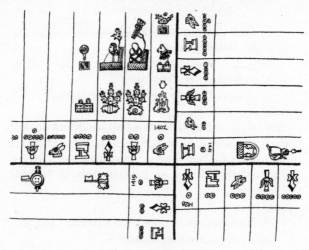

FIGURA 6. *Códice en cruz*

donde, a propósito de la *itoloca* o tradición de Quetzalcóatl, se afirma: "Se oirá decir lo que se puso en papel y se pintó..."[19]

Y es que, como lo nota Ixtlilxóchitl en el prólogo de su *Historia de la nación chichimeca*, al indicar el método que siguió para escribirla, en los cantares se conservó fielmente la memoria de lo escrito:

> Me aproveché —dice Ixtlilxóchitl— de las pinturas y caracteres que son con que aquéllas están escritas y memorizadas sus historias, por haberse pintado al tiempo cuando sucedieron las cosas

[19] *Anales de Cuauhtitlán*, ed. de Walter Lehmann, Stuttgart, W. Wohlhammer, 1938, p. 104.

acaecidas, y de los cantos con que las conservaban autores muy graves en su modo de ciencia y
facultad...[20]

Y en igual sentido que Ixtlilxóchitl, hablan también Tezozómoc en su *Crónica Mexicáyotl*, Pomar
en su *Relación de Tezcoco*, Tovar en su carta dirigida a Acosta, acerca de la forma en que se conservó
la tradición indígena, el oidor Zurita explicando
el modo en que reunió los informes de su *Breve
Relación* y Sahagún señalando el método seguido
al recoger sus textos.

Daremos aquí —siguiendo al doctor Ángel M.
Garibay, quien repetidas veces ha señalado el valor de este modo de memorización sistemática de
los textos indígenas— un testimonio casi incidental de Jerónimo de Mendieta, particularmente expresivo. Tratando éste del método adoptado por
los frailes en sus explicaciones de la doctrina cristiana, a raíz de la Conquista, escribe:

Algunos usaron de un modo de predicar muy
provechoso para los indios, por ser conforme al
uso que ellos tenían de tratar todas las cosas por
pintura. Y era de esta manera. Hacían pintar en
un lienzo los artículos de la fe y en otro los diez
mandamientos... y lo que querían de la doctrina
cristiana. Y cuando el predicador quería predicar
de los mandamientos, colgaban el lienzo de los

---

[20] Fernando de Alva Ixtlilxóchitl, *Historia de la nación chichimeca*, Obras Históricas, 2 vols., México, 1891-1892, t. II, p. 17.

mandamientos junto a él, a un lado, de manera que con una vara de las que traen los aguaciles pudiese ir señalando la parte que quería... Y de esta suerte se les declaró clara y distintamente muy a su modo, toda la doctrina cristiana.[21]

Y como lo indica el mismo Mendieta en otro lugar de su *Historia,* siguiéndose este método netamente indígena de enseñanza y aprovechándose en todo la capacidad retentiva de los indios, se obtenían los mejores resultados:

Tenían [los indios] tanta memoria que un sermón o una historia de un santo, de una o dos veces oída, se les quedaba en la memoria y después la decían con buena gracia y mucha osadía y eficacia.[22]

Tal método de enseñanza, adoptado luego también por los frailes, como lo confiesa sin rodeos Mendieta, pinta al vivo la forma en que debió practicarse en los centros prehispánicos de educación este sistema de memorización, "siguiendo los códices", complemento indispensable de la escritura.

Sustituyamos al fraile por el *telpuchtlato* o por el *calmécac tequihua...* [maestros nahuas] —escribe

[21] Fray Gerónimo de Mendieta, *Historia eclesiástica indiana,* vol. II, p. 95.
[22] *Op. cit.*

Garibay— y tendremos el cuadro de la forma de trasmisión de estos poemas. Sobre el lienzo de papel, sobre la piel de venado, sobre el muro de la casa de educación, estaban representaciones similares a las que nos conservan los códices... que entrañaban la doctrina al par que la historia. Viendo las imágenes y oyendo a los maestros, recogían en mente y corazón, para toda la vida, los educandos, el contenido cultural, religioso y literario de las edades perdidas en la niebla del pasado.[23]

Y esto, que, de acuerdo con un sistema, se practicaba en los centros de educación, de un modo más general se aplicaba también en otras ocasiones. En relación con la misma idea fundamental de fijar en la memoria doctrinas, normas y tradiciones, era una verdadera institución cultural en el mundo náhuatl la reiteración de las pláticas y discursos, iniciados ya desde el hogar y que de un modo progresivo se dirigían a niños y jóvenes de ambos sexos en ocasión de los grandes momentos de su vida: su presentación en el *calmécac* o *telpochcalli;* al llegar la pubertad; al elegir el compañero de su vida; poco antes del matrimonio. Y al igual que en la vida familiar, en el campo más amplio de la vida social, con motivo de las fiestas religiosas de cada veintena de días, se recordaban en una especie de ciclo los diversos himnos, unas veces en honor de los dioses, otras, celebrando

[23] Ángel M. Garibay K., *Historia de la literatura náhuatl,* t. I, p. 291.

107

pasadas victorias, y aun con el solo fin de dar pasatiempo, dentro siempre de su mentalidad hondamente religiosa. De este modo, las mismas fiestas venían a constituir una especie de recordación viviente de la tradición, ya que en ellas se entonaban, bailaban y aun escenificaban los antiguos cantos donde se contenían las doctrinas e historias pintadas en los códices.

Finalmente, como una última confirmación de la importancia atribuida por los nahuas a la composición y memorización de todos esos textos, en su gran mayoría poemas, discursos y cantares, queremos aludir a otras dos instituciones vigentes en el mundo náhuatl, que tenían como objeto velar directamente por la conservación fiel de la tradición, tanto respecto de los nuevos himnos o textos que se componían, como en relación con el aprendizaje adecuado, sin cambios ni mutilaciones, de los ya existentes. Los testimonios que hay acerca de materia tan importante fueron recogidos por Sahagún de los indios informantes. El primero toca a lo que llamaríamos aprobación o "censura" de los nuevos cantares que se componían y fue comunicado a fray Bernardino precisamente al tratar de las funciones particulares de los sacerdotes de Tláloc en su advocación de *Epcohua,* o sea, "serpiente de nácar":

El oficio del sacerdote rapado
de *Epcohua Tepictoton*
era el siguiente:
disponía lo relativo a los cantos.

Cuando alguien componía cantos
se lo decía a él
para que presentara,
diera órdenes a los cantores,
de modo que fueran a cantar a su casa.
Cuando alguien componía cantos,
él daba su fallo acerca de ellos.[24]

La fiel transmisión y enseñanza de los cantos antiguos, no ya sólo a los estudiantes, sino al pueblo en general, era precisamente incumbencia de otra clase o categoría de sacerdotes que recibían como título el de *tlapizcatzin,* que quiere decir "conservador". Su misión era enseñar a la gente los cantares divinos, vigilando que nadie errara en su aprendizaje. Al igual que los maestros de los *calmécac,* es muy probable que los *tlapizcatzi-tzin* o "conservadores", para enseñar los himnos sagrados, se ayudaran de los códices, que irían "siguiendo, cantando las pinturas de los libros", como decía el poema citado al principio. He aquí el texto náhuatl en el que se describen las funciones de estos sacerdotes.

El conservador
tenía cuidado de los cantos de los dioses,
de todos los cantares divinos.
Para que nadie errara,
cuidaba con esmero

---

[24] Informantes de Sahagún, *Ritos, sacerdotes y atavíos de los dioses,* México, UNAM, 1958, p. 101.

de enseñar él a la gente
los cantos divinos en todos los barrios.
Daba pregón
para que se reuniera la gente del pueblo
y aprendiera bien los cantos.[25]

Tal era, descrito brevemente, el sistema de fijación oral de los textos y cantares, adoptado por los *tlamatinime* o sabios, como un complemento indispensable de sus varias formas de escritura de códices. Siendo en ellos antigua costumbre la de componer himnos y poemas, bien puede aplicárseles lo que ellos mismos —los nahuas del siglo xv— pensaron acerca de sus antecesores los toltecas: "eran cantores, componían cantos; los daban a conocer, los retenían en su memoria; divinizaban con su corazón los cantos maravillosos que componían".[26]

Así, valiéndose de sus libros de pinturas y de sus comentarios en forma de poemas y cantos —en los que las frases paralelas denuncian el empeño por retener mejor las ideas— conservaron los nahuas a través de los siglos una rica herencia cultural, que cada día se acrecentaba más. Innumerables fueron los conocimientos sobre su propia religión, sus historias, su calendario y astronomía, sus leyendas y narraciones que de este modo sistemáticamente lograron preservarse.

[25] *Ibid.*, p. 93.
[26] Informantes de Sahagún, *Códice Matritense de la Real Academia de la Historia, loc. cit.*

La Conquista y la destrucción que vino apare-
jada con ella dieron muerte a ese doble sistema
de historia. Proscrita la cultura náhuatl, porque
se pensó ser obra del demonio, se quiso suprimir
lo que constituía la conciencia misma de esa cultura: sus códices, sus cantares y poemas. Tan sólo
unos cuantos de los frailes misioneros, en quienes
pudo más el influjo del humanismo renacentista,
inquiriendo y rebuscando en lo que llamaron "an-
tiguallas de indios", vinieron a descubrir el doble
sistema náhuatl de preservar doctrinas y memoria de hechos pasados. Esos frailes como Olmos,
Sahagún, Durán y Mendieta y luego otros varios
discípulos suyos, como el célebre grupo de estudiantes indígenas de Tlatelolco, y después los
historiadores indígenas y mestizos como Alvarado
Tezozómoc, Pomar, Tovar, Ixtlilxóchitl, Chimalpain y Muñoz Camargo, supieron aprovechar lo
que quedaba de los códices y cantares. Recorrien-
do pueblos, interrogando a los ancianos que habían estudiado en los *calmécac*, allegando códices,
reduciendo al alfabeto los textos memorizados,
reunieron un acopio considerable de documentación de primera mano acerca de la historia, instituciones culturales y forma de vida de los pueblos
nahuas.

Herencia documental del México Antiguo

Actualmente, a pesar de las destrucciones, existe
un rico legado documental del mundo náhuatl

prehispánico. Sin pretender ofrecer aquí un catálogo de dicha documentación, mencionaremos al menos las principales colecciones de las que provienen los textos cuya traducción se da en este libro.

El más antiguo esfuerzo por salvar y conservar recuerdos indígenas de la cultura náhuatl, después de la Conquista, data de los años comprendidos entre 1524 y 1530. Durante ese lapso, algunos indios que habían aprendido el alfabeto latino introducido por los conquistadores redujeron a letras la explicación y comentario de varios códices o anales históricos. El resultado de esos trabajos se conserva en la Biblioteca Nacional de París con el nombre de *Anales de Tlatelolco* o *Unos anales históricos de la Nación Mexicana*. En dichos documentos se contienen las genealogías de los gobernantes de Tlatelolco, Tenochtitlan y Azcapotzalco, así como uno de los más valiosos testimonios indígenas acerca de la conquista española.[27]

Varios son también los discursos y pláticas de los sabios y ancianos —los célebres *huehuetlatolli*— que recogió desde unos diez años después de la Conquista el misionero franciscano fray Andrés de Olmos. Se trata de pláticas didácticas o exhortativas dirigidas a inculcar en el ánimo de los niños, de los jóvenes, de quienes van a con-

[27] El americanista Ernst Mengin ha publicado en su colección *Corpus Codicum Americanorum Medii Aevi* (Copenhague, 1945) una reproducción facsimilar de estos manuscritos.

traer matrimonio, etc., principios morales básicos, así como las antiguas doctrinas y tradiciones. Recogidos estos textos de labios de ancianos
supervivientes, que los habían memorizado y pro-
nunciado desde los tiempos anteriores a la Conquista, su valor resulta fundamental para el estudio de lo más elevado del pensamiento y cultura
nahuas. En la actualidad se conservan estos manuscritos, una parte en la Biblioteca del Congreso de Washington y otra en la Biblioteca Nacional de París.[28]

Mas si la labor recopiladora de textos empren-
dida por Olmos, a pesar de todas las vicisitudes
que la acompañaron, resultó fructuosa, mucho
más importante es todavía la magna empresa in-
vestigadora de fray Bernardino de Sahagún. No es
éste el lugar de repetir la historia de sus trabajos
como estudioso de la cultura náhuatl durante 60
años. En pocas palabras puede decirse que Sahagún, llegado a México en 1529, se consagró como
nadie al estudio de las instituciones culturales del
antiguo mundo indígena. Tratando de penetrar en
la conciencia indígena, redactó una "minuta" o
cuestionario de todos los puntos que le interesaba
investigar. En él se incluían, entre otros, los siguientes temas: ritos, sacerdotes y dioses, fiestas y

[28] El doctor Ángel M. Garibay K. ha publicado uno de estos documentos con el título "Huehuetlatolli, Documento A",
en la revista *Tlalocan,* vol. I, pp. 31-53 y 81-107. El nahuatlato
francés Rémi Siméon incluyó asimismo parte de esta documentación en su *Arte para aprender la lengua mexicana* (de
Olmos), París, 1875.

costumbres, los cielos, la cuenta de los años, el más allá, cosas humanas, parentescos, costumbres de los señores, oficios, insignias, leyendas, educación y crianza, moral sexual, astrología, artesanía, sabios, ideas filosóficas, derecho, medicina, alimentación, botánica, animales, metales y piedras preciosas, orígenes étnicos, literatura, proverbios y refranes, discursos morales y teológicos, himnos y cantares y hasta una versión netamente indígena de la historia de la Conquista.

Para obtener informes en lengua náhuatl y conociendo el doble método indígena de preservar su historia, buscó Sahagún en tres sitios principales, Tepepulco, Tlatelolco y México, a indios viejos, conocedores de sus tradiciones, que, con la ayuda de sus pinturas, le informaran acerca de tan diversos temas.

Hay que notar que varios de los estudiantes de Tlatelolco, discípulos de fray Bernardino, le proporcionaron una inapreciable ayuda. Ellos iban escribiendo con caracteres latinos los informes que dictaban los indios viejos. Asimismo, copiaron no pocas de las figuras de los códices conservados por los ancianos. De este modo pudo reunir fray Bernardino centenares de folios en los que se incluyen no pocas pinturas y en los que se transcriben textos en náhuatl sobre casi todas las instituciones culturales del mundo prehispánico.

Tan valioso material corrió vicisitudes que sería largo enumerar. Mas a pesar de todo, sirvió de base a Sahagún para redactar en castellano su *Historia general de las cosas de Nueva España*. Dicha obra no es una traducción de los textos nahuas, sino más bien un resumen comentado de ellos. La documentación en náhuatl fue a parar a España por orden de Felipe II. Una copia de ella se encuentra hoy día en la Biblioteca Laurenziana de Florencia bajo el nombre de *Códice Florentino*. Los manuscritos más antiguos se conservan en Madrid (*Códices Matritenses* del Real Palacio y de la Academia de la Historia). En este libro se aprovechan muchos de los textos recogidos por Sahagún en lengua náhuatl.[29]

Complemento y consecuencia de la investigación llevada a cabo por Sahagún son los trabajos de transcripción y conservación de otros textos, realizados por varios de sus discípulos, antiguos estudiantes indígenas del Colegio de Santa Cruz de Tlatelolco. Entre ellos pueden mencionarse los célebres Antonio Valeriano, de Azcapotzalco; Martín Jacobita y Andrés Leonardo, de Tlatelolco; Alonso Vegerano y Pedro de San Buenaventura, de Cuauhtitlán. Guiados en parte por Sahagún y movidos también por su empeño de salvar

[29] Para un estudio de la forma en que recogió Sahagún la documentación en náhuatl a que aquí nos referimos, así como acerca de las varias ediciones, todas ellas parciales, de los textos indígenas compilados por él, véase *Historia de la literatura náhuatl*, 2 vols., por Ángel M. Garibay K., México, Porrúa, 1953-1954, especialmente t. II, caps. 2 y 3. Puede consultarse asimismo la introducción al libro *Ritos, sacerdotes y atavíos de los dioses* (Fuentes Indígenas de la Cultura Náhuatl, 1), introducción, paleografía, versión y notas de Miguel León-Portilla, Seminario de Cultura Náhuatl, Instituto de Historia, México, UNAM, 1958.

para la posteridad el legado cultural de su pueblo, redujeron a escritura castellana, entre otras
cosas, los siguientes textos: los *Anales de Cuauhtitlán* y los *Documentos de 1558*, que comprenden
anales históricos, cantares y mitos cosmogónicos.
A ellos se debe también el *Libro de los coloquios*,
o sea, la historia de los diálogos que tuvieron lugar en el atrio del convento de San Francisco de
la ciudad de México en 1524, entre los doce primeros frailes venidos a Nueva España y algunos de
los principales sabios indígenas, que defendían su
antigua manera de pensar y creer. Documento de
excepcional interés, en él se muestra cuál fue la
reacción de los últimos sabios indígenas ante los
predicadores de la nueva doctrina.

Otros dos manuscritos de fundamental importancia fueron asimismo compilados por los
estudiantes discípulos de Sahagún. Se trata de
los *Cantares mexicanos*, conservados hoy día en
la Biblioteca Nacional de México, y el llamado
*Manuscrito de los romances de los señores de la
Nueva España*, que se halla en la Colección Latinoamericana de la Biblioteca de la Universidad
de Texas. Son éstas dos ricas colecciones de poemas en náhuatl de diversos géneros: religiosos,
líricos, épicos, eróticos y aun dramáticos. De ambos repertorios procede buena parte de los poemas e himnos que muestran aspectos profundos
de lo más elevado del pensamiento del México
Antiguo.

Además de los ya mencionados textos y de los
códices prehispánicos y poshispánicos a los que

116

también nos hemos referido, existen otros importantes documentos indígenas cuya enumeración tan sólo daremos: el *Códice Badiano* de Martín de la Cruz, conservado en la Biblioteca Vaticana, que describe principalmente las plantas medicinales del mundo náhuatl; la *Historia tolteca chichimeca,* conservada en la Biblioteca Nacional de París, en la que se relatan las migraciones que tuvieron lugar en los tiempos anteriores a los aztecas; el *Códice Ramírez* y la *Crónica mexicana* de Tezozómoc, que al igual que la *Historia de las Indias de Nueva España y islas de Tierra Firme,* escrita por fray Diego de Durán, están basadas en una antigua relación histórica hoy día desaparecida.

Tales son los principales documentos, transcripciones o reducciones a escritura latina de antiguos códices y textos indígenas memorizados. Como ya se ha señalado, existen también las *Historias* que a fines del siglo XVI y principios del XVII escribieron varios indígenas o mestizos, imbuidos ya de una mentalidad europea. Entre ellos puede mencionarse a don Fernando de Alva Ixtlilxóchitl, a Tezozómoc y a Chimalpain, quienes al escribir sus historias incorporan muchas veces en ellas otros textos netamente prehispánicos que hoy día no se conocen. Sus obras, al igual que las de algunos cronistas como Motolinía, Mendieta y Torquemada, constituyen un valioso complemento para penetrar en el alma de la antigua cultura.

Tal es, en resumen, lo que hoy podemos llamar principales fuentes históricas nahuas, para el estudio de la cultura antigua. De ellas provienen las reproducciones pictográficas y textos que aquí se dan con el fin de acercarnos a la visión que de su propia cultura alcanzaron los sabios indígenas.

Como se notará en los siguientes capítulos, existe una doble orientación y tendencia en los textos históricos del mundo náhuatl. En los que proceden principalmente de Texcoco y Huexotzinco se asienta el valor de las antiguas tradiciones e instituciones culturales que parecían tener su raíz en la etapa tolteca. Se piensa que guardando el recuerdo de aquella grandeza resulta posible renovar en la propia vida algo de esa inspiración que había llevado tan alto a sus antecesores en la cultura.

Pero, frente a esa actitud, si se quiere menos apasionada, los historiadores aztecas de México-Tenochtitlan concibieron la historia de un modo enteramente distinto. Persuadidos de que en los códices y tradiciones antiguas "el rostro azteca era enteramente desconocido", se empeñaron en suprimir hasta donde les fue posible la antigua versión de los otros pueblos, para imponer la suya propia. Más adelante veremos cómo el cuarto rey de México-Tenochtitlan, Itzcóatl, y su consejero supremo Tlacaélel, después de vencer a sus antiguos dominadores, los tepanecas de Azcapotzalco, mandaron quemar los viejos códices, para iniciar la nueva versión de su historia.

Sirviéndose de la *itoloca* y los *xiuhámatl* como de auténticos instrumentos de dominación, consignaron en ellos una nueva conciencia de su pasado. Irá surgiendo así un pueblo azteca de ros-

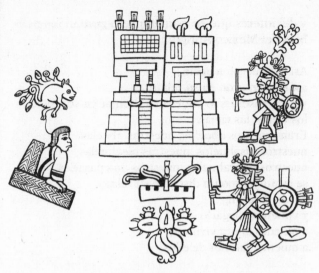

FIGURA 7. *Tenochtitlan* (Códice Telleriano Remensis)

tro que cada vez se define mejor: es el elegido del
Sol, cuya misión suprema es la guerra.

Conceptos opuestos de la historia tienen, sin
embargo, en común el supremo interés de salvar
para siempre el recuerdo de los tiempos antiguos.
Cuando, a principios del siglo XVII, escribió don
Fernando Alvarado Tezozómoc su *Crónica Mexicáyotl*, insertó en ella un párrafo que a continuación se transcribe, en el cual, mezclado si se
quiere con el antiguo orgullo azteca, aparece el
interés náhuatl de todos los tiempos por conservar la memoria de lo que fue su grandeza. El texto, cuya traducción aquí se da, es resumen elocuente del modo náhuatl de conservar la historia

119

y del interés que en esta empresa ponían los pueblos del México Antiguo:

Así lo vinieron a decir,
así lo asentaron en su relato,
y para nosotros lo vinieron a dibujar en sus papeles
los viejos, las viejas.
Eran nuestros abuelos, nuestras abuelas,
nuestros bisabuelos, nuestras bisabuelas,
nuestros tatarabuelos, nuestros antepasados,
se repitió como un discurso su relato,
nos lo dejaron,
y vinieron a legarlo
a quienes ahora vivimos,
a quienes salimos de ellos.

Nunca se perderá, nunca se olvidará,
lo que vinieron a hacer,
lo que vinieron a asentar en las pinturas:
su renombre, su historia, su recuerdo.
Así en el porvenir
jamás perecerá, jamás se olvidará,
siempre lo guardaremos
nosotros hijos de ellos, los nietos,
hermanos, bisnietos, tataranietos, descendientes,
quienes tenemos su sangre y su color,
lo vamos a decir, lo vamos a comunicar
a quienes todavía vivirán, habrán de nacer,
los hijos de los mexicas, los hijos de los tenochcas.

Y esta relación la guardó Tenochtitlan,
cuando vinieron a reinar todos los grandes

estimables ancianos, los señores y reyes tenochcas.
Pero Tlatelolco
nunca nos la quitará,
porque en verdad no es legado suyo.
Esta antigua relación oral,
esta antigua relación pintada en los códices,
nos la dejaron en México,
para ser aquí guardada...

Aquí tenochcas aprenderéis cómo empezó
la renombrada, la gran ciudad,
México-Tenochtitlan,
en medio del agua, en el tular,
en el cañaveral, donde vivimos,
donde nacimos,
nosotros los tenochcas.[30]

[30] *Crónica Mexicáyotl*, texto náhuatl y traducción de Adrián León, México, Instituto de Historia, Imprenta Universitaria, 1949, pp. 4-6.

III. LOS CIEN AÑOS
DEL PUEBLO DEL SOL

Profunda exaltación mística revelan los himnos
en que se proclama la gloria de los aztecas, en la
cumbre de su poder. El siguiente cantar, de la colección que se conserva en la Biblioteca Nacional
de México, es elocuente por sí mismo:

> Desde donde se posan las águilas,
> desde donde se yerguen los tigres,
> el Sol es invocado.
>
> Como un escudo que baja,
> así se va poniendo el Sol.
> En México está cayendo la noche,
> la guerra merodea por todas partes,
> ¡oh Dador de la vida!
> se acerca la guerra.
>
> Orgullosa de sí misma
> se levanta la ciudad de México-Tenochtitlan.
> Aquí nadie teme la muerte en la guerra.
> Ésta es nuestra gloria.
> Éste es tu mandato.
> ¡Oh Dador de la vida!
> Tenedlo presente, oh príncipes,
> no lo olvidéis.

¿Quién podrá sitiar a Tenochtitlan?
¿Quién podrá conmover los cimientos del cielo...?

Con nuestras flechas,
con nuestros escudos,
está existiendo la ciudad,
¡México-Tenochtitlan subsiste![1]

Así cantaban los aztecas, proclamando hacia los cuatro rumbos del universo su poderío y el esplendor de su ciudad. Mas, si la gloria azteca llegó a ser muy grande, no duró mucho tiempo. Todavía en 1426 los aztecas eran un grupo subyugado que pagaba tributos a los tepanecas de Azcapotzalco, dueños del islote en el que habían edificado su capital, México-Tenochtitlan.

En 1521 esa ciudad, que el himno llamó "cimientos del cielo", fue asediada y conquistada por los españoles. En escasos cien años, a partir de la victoria azteca sobre la gente de Azcapotzalco, hacia 1427, los aztecas llegaron a convertirse en los amos del México prehispánico. Extendieron su dominio de un océano al otro y aun llegaron a Chiapas y Guatemala. Ese siglo, incompleto, constituye lo que aquí llamamos "cien años del Pueblo del Sol".

¿Cómo alcanzaron tal desarrollo y poder los aztecas? Los textos indígenas parecen ofrecer una respuesta, verdadera lección de historia política.

[1] *Colección de cantares mexicanos*, Biblioteca Nacional de México, fols. 19 v. y 20 r.

El presente capítulo es un intento de aclarar al menos en parte el enigma que plantea el pueblo azteca, "aquel cuyo rostro antes nadie conocía", y que en sólo cien años llegó a convertirse en lo que, con acierto, se ha llamado "fachada de la historia antigua de México".

EL ÚLTIMO GRUPO DE IDIOMA NÁHUATL

El Valle de México había recibido diversas oleadas de pueblos, llegados a él desde tiempos prehistóricos. En el Valle hay incontables vestigios de la presencia de los llamados arcaicos o habitantes de la etapa preclásica. Se deja sentir, asimismo, la influencia de los creadores de Teotihuacán y de Tula, así como la de numerosos grupos chichimecas llegados más tarde.

A principios del siglo XIII d. C. se levantaban a la orilla de los lagos varias ciudades de antiguo arraigo cultural. Entre esas ciudades pueden mencionarse Azcapotzalco, con clara influencia teotihuacana, centro poderoso, poblado por los tepanecas; Culhuacán, antigua ciudad tolteca, en la que habían quedado no pocos vestigios del espíritu de Quetzalcóatl, recuerdo viviente del gran sacerdote, héroe cultural, que tuvo que marcharse al oriente, a Tlapalan, la tierra del color rojo. Existían también otras ciudades como Coatlinchan, Chalco y Xochimilco y, más allá de los volcanes, el gran centro ritual de Cholula, en el Valle de Puebla, así como los recién fundados señoríos tlaxcaltecas y

124

de Huexotzinco. Recordando a su modo todo esto, un poeta azteca del siglo xv se refiere así al mundo indígena del Valle de México durante el siglo xiii:

> Ya existía señorío en Azcapotzalco,
> en Coatlinchan,
> en Culhuacán,
> pero México [la capital azteca],
> no existía todavía.
> Aún había tulares y carrizales,
> donde ahora es México.[2]

Y es que cuando ya florecía en el Valle y en las regiones vecinas la gran cultura náhuatl, difundida por los toltecas, todavía los aztecas, el último grupo de idioma náhuatl, miembro de las famosas siete tribus que habían partido de Chicomóztoc ("el lugar de las siete cuevas"), continuaban su vida de nómadas en las llanuras del norte. Los historiadores aztecas del siglo xv eran conscientes de esto. Escuchemos su testimonio:

> Los aztecas, según la tradición,
> vinieron hacia acá los últimos,
> desde la tierra de los chichimecas
> desde las grandes llanuras.[3]

Proyectando un rayo de luz sobre su pasado oscuro y remoto, pintan luego un cuadro en el que

---

[2] Informantes de Sahagún, *Códice Matritense de la Real Academia de la Historia,* fol. 197 r.

[3] *Ibid.,* fol. 196 v.

aparecen sus antepasados como gente desprovista
de cultura y despreciada por todos. Sólo que en ese
cuadro se intercalan con frecuencia ciertos rasgos
que dejan ver ya la voluntad indomeñable de ese
pueblo de peregrinos de rostro no conocido:

Pero los aztecas por allá anduvieron caminando,
iban a buscar tierras...

Cuánto tiempo en las llanuras anduvieron,
ya nadie lo sabe.
Y cuando se volvieron los mexicas,
su dios les habló, les dijo:
—"Id, volveos
al lugar de donde habéis venido".

En seguida, los aztecas comenzaron a venir hacia acá.
Existen, están pintados,
se nombran en lengua azteca
los lugares por donde vinieron pasando los mexicas.
Y cuando vinieron los mexicas,
ciertamente andaban sin rumbo,
vinieron a ser los últimos.

Al venir,
cuando fueron siguiendo su camino,
ya no fueron recibidos en ninguna parte.
Por todas partes eran reprendidos.
Nadie conocía su rostro.
Por todas partes les decían:
—"¿Quiénes sois vosotros?
¿De dónde venís?"

126

Así en ninguna parte pudieron establecerse,
sólo eran arrojados,
por todas partes eran perseguidos...
Y allí en Chapultepec,
allí comenzaron a ser combatidos los mexicas,
se les hizo la guerra.
Y por eso luego se pasaron los mexicas
    a Culhuacán...[4]

Llegados a esa antigua ciudad de origen tolteca, imploraron del señor Coxcoxtli, rey de Culhuacán, les concediera tierras donde pudieran establecerse. Los culhuacanos, como ya se dijo, al
tratar de las etapas culturales del México Antiguo,
después de mucho deliberar, decidieron enviar a
los aztecas a Tizapán, "verdadera casa de serpientes". Su propósito era deshacerse de ellos, con la
idea de que, picados por las víboras, perecieran o
se alejaran de allí. Pero, vale la pena repetirlo, los
aztecas, en vez de ser víctimas de las serpientes,
las convirtieron en su alimento.

Con el gozo y la confianza que les dio haber re-
suelto este problema, los aztecas dieron pronto
un paso de gran importancia. Desde tiempos antiguos, los contactos que habían tenido con la gente de filiación tolteca habían despertado en ellos
profunda admiración y aprecio por ese pueblo
creador de cultura. Ahora, vecinos de ese reducto
de cultura tolteca que era Culhuacán, decidieron
por todos los medios posibles ligarse con la estirpe

[4] *Ibid.*, fols. 196 v. y 197 r.

tolteca. Desde su aislamiento de Tizapán, "desde la casa de serpientes", iban con frecuencia a la ciudad tolteca. Obviamente, la mejor manera de *toltequizarse* era emparentando con aquella gente. Así comenzaron a buscar mujeres entre las hijas de los culhuacanos:

> Luego empezaron a ir hacia allá,
> hacia Culhuacán.
> De allí trajeron a sus mujeres,
> a las hijas de los culhuacanos;
> allí mismo les hacían hijos,
> dentro de la ciudad de Culhuacán.[5]

De este modo, tolerados por los culhuacanos, los aztecas se fueron *toltequizando, o aculturando,* como se diría ahora. Mas, a pesar del influjo tolteca, la actitud propia de los aztecas se siguió manifestando. Como ya se ha mencionado en este libro, después de varios años de permanecer en Culhuacán, hacia 1323, los aztecas cumplieron un designio siniestro de Huitzilopochtli. Sacrificaron a la hija de Achitómetl, nuevo señor de Culhuacán, para convertirla en su diosa Yaocíhuatl, "mujer guerrera", su protectora, esta vez paradójicamente de origen tolteca. Tal sacrificio sangriento provocó la justa ira de los culhuacanos, que expulsaron a los aztecas de Tizapán y los forzaron a huir hacia el interior del lago. Allí al fin encontraron éstos, en el islote de México-Tenochtitlan, la señal prometi-

---

[5] *Crónica Mexicáyotl*, p. 52.

da por su dios Huitzilopochtli: el águila devorando la serpiente. Antiguos textos indígenas resumen así estos hechos:

> Cuando los mexicas
> se robaron [dieron muerte]
> a la princesa culhuacana,
> huyeron,
> fueron a establecerse entre los tulares.
> En Acocolco estuvieron seis días.
> Y he aquí que entonces
> los mexicas se acercaron a la tierra,
> aquí a Tenochtitlan,
> donde sólo había tulares,
> donde sólo había carrizales.
> Todavía estuvieron padeciendo allí...[6]

> En el año 2-Casa [1325],
> llegaron los mexicas,
> en medio de los cañaverales,
> en medio de los tulares
> vinieron a poner término,
> con grandes trabajos
> vinieron a merecer tierras.

> En el dicho año 2-Casa,
> llegaron a Tenochtitlan.
> Allí donde crecía,
> el nopal sobre la piedra,
> encima del cual se erguía el águila:
> estaba devorando [una serpiente].

[6] *Ms. de 1558*, fol. 84.

Allí llegaron entonces.
Por esto se llama ahora
Tenochtitlan Cuauhtli itlacuayan:
donde está el águila que devora
en el nopal sobre la piedra.

Aquí se mencionan sus nombres
[de quienes llegaron a Tenochtitlan].
He aquí nuestros nombres:
el primero de ellos fue *Tenochtli,*
Acacilli, Ocelopan, Ahatl...[7]

Establecidos ya en el islote de México-Tenochtitlan, no por esto terminaron los sufrimientos de los aztecas. Una vez más, habían venido a una tierra que tenía ya su propio dueño: los tepanecas de Azcapotzalco. Sin embargo, los aztecas, acostumbrados a resolver dificultades y problemas, no dieron mayor importancia a este hecho. En vez de pensar en los tepanecas de Azcapotzalco, propietarios del islote, prefirieron organizar desde luego su nueva vida en el lugar que, a su juicio, les había concedido por fin Huitzilopochtli. Convocados entonces los señores mexicas, dijeron:

—"Obtengamos piedra y madera,
paguémoslas con lo que se da en el agua:
los peces, renacuajos, ranas,
camaroncillos, moscos acuáticos,
culebras del agua, gusanillos laguneros, patos,
y todos los pájaros que viven en el agua".

[7] Domingo Francisco Chimalpain, *Séptima relación.*

Luego dijeron:
—"Que así se haga".

En seguida se pusieron a pescar,
atraparon, cogieron peces,
ajolotes, camaroncillos, ranas
y todos los pájaros que viven en el agua.

Y en seguida fueron a vender y a comprar.
Luego regresaron,
vinieron hacia acá con piedras y madera,
la madera era pequeña y delgada.
Y con esta madera, nada gruesa,
toda ella, la madera delgada,
con ella cimentaron con estacas,
a la orilla de una cueva,
así echaron las raíces del poblado,
el templo de Huitzilopochtli.
El adoratorio aquél era pequeñito.
Cuando se vio la piedra,
cuando se vio la madera,
en seguida empezaron,
apuntalaron, el adoratorio.

Y de nuevo por la noche
dio orden Huitzilopochtli,
habló, dijo:
—"Escucha, oh *Cuauhtlequetzqui*, oh *Cuauhcóatl*,
estableceos, haced partición,
fundad señoríos,
por los cuatro rumbos del universo..."[8]

[8] *Crónica Mexicáyotl*, pp. 72-74.

Con tan modestos principios, pero con tan grandes ambiciones, comenzó a existir la nueva ciudad de México-Tenochtitlan. Todavía transcurrieron varios años antes de que en ella se eligiera el primer *tlatoani* o rey de los aztecas. Gobernaban aún varios ancianos, antiguos sacerdotes, *teomama*, "los que llevan a cuestas a los dioses". Tan sólo hasta el año de 1363, al comenzar a humear el volcán Popocatépetl, fue cuando murió el jefe Tenochtli, que había acaudillado a los aztecas durante 39 años. Entonces los señores mexicas decidieron elegir por vez primera un *tlatoani* o rey, imitando a los otros pueblos que, como los culhuacanos y tepanecas, así se gobernaban. Hubo diversidad de opiniones. Según algunos, era mejor aceptar definitivamente el poder tepaneca de Azcapotzalco o implorar ante los culhuacanos que los admitieran como súbditos. Pero al fin iba a adoptarse una decisión bien distinta.

Se trataba de una especie de compromiso. Había necesidad de estrechar más los vínculos con el antiguo mundo tolteca. Implícitamente se pensaba que, si México-Tenochtitlan habría de llegar a ser grande, debía tener sus raíces en el grandioso pasado de los toltecas. Recordaron para esto los ancianos aztecas que en Culhuacán vivía Acamapichtli Itzpapálotl, hijo del nuevo señor de Culhuacán llamado Naúhyotl, emparentado con los aztecas desde los días en que éstos habían morado en Tizapán. Varios de los ancianos aztecas se presentaron entonces ante el rey de Culhuacán y le hablaron de la siguiente manera:

—"¡Oh señor, oh nieto nuestro,
oh rey!
Hemos venido a hacer que olvides tu pena,
a confortarte,
nosotros los mexicas chichimecas,
tus padres y abuelos.
Venimos a pedirte humildemente,
para tu ciudad de Tenochtitlan,
queremos llevarnos a tu siervo, tu recuerdo,
tu hijo y vástago,
nuestro collar, nuestra pluma de quetzal,
el llamado Itzpapálotl Acamapichtli.

Nos lo concederás,
es nuestro hijo mexicano,
también sabemos
que es nieto de los culhuacanos,
es cabello y uña de ellos,
de los señores, de los reyes culhuacanos.
Él ha de cuidar
la pequeña ciudad de México-Tenochtitlan..."[9]

Oídas estas palabras, el rey culhuacano se reunió con los señores. Recordando el crimen que habían cometido los aztecas con la hija de Achitómetl, se sintieron inclinados a dar la más rotunda negativa. Pero pensando luego que se trataba de un varón, ya que "de ser mujer, no convendría que la llevaran", accedieron al fin. Y conscientes como eran los culhuacanos de su rico legado cul-

[9] *Ibid.*, pp. 82-83.

tural de origen tolteca, terminaron su discurso con estas palabras:

—"Que gobierne Acamapichtli
a la gente del pueblo,
a los que son siervos de *Tloque Nahuaque*
[el Dueño del cerca y del junto],
del que es Noche y Viento,
de *Yaotzin*, *Tezcatlipoca*,
y del sacerdote Huitzilopochtli..."[10]

Así fue como el año de 1376 tuvieron los aztecas su primer rey o *tlatoani* de prosapia tolteca, Acamapichtli. Bajo su gobierno de 21 años se continuó la edificación de la ciudad. El rostro de los aztecas poco a poco iba dejando de ser desconocido. En él aparecían ya algunos rasgos que recordaban la antigua fisonomía de los toltecas. Los aztecas pagaban tributos a la gente de Azcapotzalco, a los tepanecas, a quienes pertenecía el islote. Lo que es todavía más significativo, los aztecas comenzaron a ejercitarse en la guerra, luchando en favor de los tepanecas, ayudándolos a extender sus conquistas.

Muerto Acamapichtli hacia 1396, le sucedió en el gobierno de México-Tenochtitlan su hijo Huitzilíhuitl. Casado con una hija del señor Tezozómoc, de Azcapotzalco, obtuvo de él, gracias a este parentesco, que se mitigaran los impuestos y rigores sufridos hasta entonces por los aztecas.

---

[10] *Ibid.*, p. 83.

FIGURA 8. *Acamapichtli* (Códice Mendocino)

De su mujer tepaneca tuvo Huitzilíhuitl un hijo de nombre Chimalpopoca. Y refieren las crónicas que, siendo ya niño de diez o doce años, el príncipe Chimalpopoca solía visitar a su abuelo, el gran señor Tezozómoc, de Azcapotzalco, quien lo amaba con especial predilección.

Tales vínculos de los aztecas con los tepanecas habían resultado sumamente favorables. Huitzilíhuitl aprovechó la paz consiguiente para dedicarse a atender los problemas interiores de su ciudad. De él se dice que comenzó a legislar en especial acerca del culto que debía darse a sus dioses, apoyándose tanto en ideas religiosas de procedencia tolteca, como en tradiciones y prácticas del propio pueblo mexícatl.

El desarrollo alcanzado por los aztecas era visto con buenos ojos por Tezozómoc, converti-

do ya en cariñoso abuelo del príncipe Chimalpopoca. Pero, en cambio, provocó la suspicacia y
animadversión de no pocos nobles tepanecas,
entre ellos de Maxtlatzin, hijo de Tezozómoc, a
la sazón señor de Coyoacán. Maxtlatzin había
comenzado a fraguar la destrucción de los aztecas, que a su juicio no debían constituir un señorío aparte, sino tan sólo uno de los dominios
del Imperio tepaneca, que él pensaba heredar
a la muerte de su padre, el anciano Tezozómoc.
La muerte de Huitzilíhuitl, ocurrida hacia 1415,
y la elección del joven Chimalpopoca como tercer rey o *tlatoani* de México-Tenochtitlan iban a
ofrecerle una coyuntura favorable para realizar
sus designios. De hecho, iba a ponerse en suerte
el destino del pueblo azteca. En el escenario del
Valle de México iban a actuar las más poderosas
fuerzas en contra del último de los pueblos nahuas. El recién venido, de rostro no conocido,
estaba en peligro de sucumbir antes de haber alcanzado prestigio alguno.

EL PRINCIPIO DE LA GRANDEZA AZTECA

Muerto Tezozómoc, rey de Azcapotzalco, hacia
1426, se apoderó del trono tepaneca su hijo Maxtlatzin, conocido en las historias populares como
"el tirano Maxtla". Uno de sus primeros actos fue
hacer patente su odio contra los aztecas. Escuchemos la versión de la *Crónica Mexicáyotl:*

Año 12-Conejo [1426],
en él vinieron a matar los tepanecas
al señor Chimalpopoca,
rey de Tenochtitlan,
hijo de Huitzilíhuitl...[11]

Y más abajo, refiriéndose también al mismo señor Chimalpopoca, dice la *Crónica Mexicáyotl* que los aztecas

se afligían mucho,
cuando se les decía
que los rodearían en son de guerra,
que los destruirían los tepanecas...[12]

En medio de la crisis, los señores aztecas eligieron como cuarto rey de Tenochtitlan a Itzcóatl, hijo de Acamapichtli y de una bella esclava de Azcapotzalco. La primera actuación de Itzcóatl iba a consistir en hacer frente a la amenaza de los tepanecas de Maxtlatzin. Reunidos, se pusieron a deliberar los señores aztecas. Hubo pareceres distintos. Unos, como el mismo Itzcóatl, proponían rendirse al señor Maxtlatzin. Sin embargo, había dudas y vacilaciones.

Entonces aparece por primera vez una figura extraordinaria, el joven Tlacaélel, hijo de Huitzilíhuitl y hermano de Motecuhzoma Ilhuicamina. Expresando con libertad y valentía su pensa-

---

[11] *Ibid.*, p. 104.
[12] *Ibid.*, p. 106.

miento, en vez de aceptar la idea de someterse a los tepanecas de Maxtlatzin, hizo ver a los señores aztecas la necesidad de luchar hasta vencer o morir. Tomando la palabra, habló así Tlacaélel:

¿Qué es esto, mexicanos? ¿Qué hacéis? Vosotros estáis sin juicio: aguardad, estaos quedos, dejadnos tomar más acuerdos sobre este negocio: ¿tanta cobardía ha de haber que nos habemos de ir a entretejer con los de Azcapotzalco? Y llegándose al Rey, le dijo: Señor, ¿qué es esto? ¿Cómo permites tal cosa? Hablad a este pueblo; búsquese un medio para nuestra defensa y honor, y no nos ofrezcamos así tan afrentosamente entre nuestros enemigos.[13]

Las palabras de Tlacaélel lograron un efecto sorprendente. El mismo rey Itzcóatl, que poco antes pensaba en rendirse a Maxtlatzin, conmovido probablemente por el breve discurso de su sobrino Tlacaélel, enardeciéndose, habló de la siguiente manera:

¿Todavía determináis de iros a Azcapotzalco? Cosa de gran bajeza me parece: yo quiero dar un corte que sea a nuestro honor y no con tanta deshonra como vosotros hacéis. Aquí estáis todos los señores y principales, tíos, hermanos y sobrinos míos, todos de valor y estima: ¿quién de vos-

---

[13] Fray Diego de Durán, *Historia de las Indias de Nueva España y islas de Tierra Firme*, t. I, p. 70.

otros será osado a ir ante el rey de Azcapotzalco a saber de la determinación suya y de su gente? Si están ya de aquel parecer de destruirnos sin poderse revocar, si no tienen lástima de vernos en este aprieto y aflicción; aquí estáis; levántese uno de vosotros y vaya. ¡Perded, mexicanos el temor![14]

Y dice la historia que ninguno de los señores aztecas se atrevía a ir como emisario ante el rey de Azcapotzalco. Entonces, con resolución, Tlacaélel se ofreció cumplir esta embajada. Consciente de que exponía su vida, decidió llevar un mensaje al rey tepaneca, en un último esfuerzo por evitar la guerra, salvando la dignidad de los aztecas.

No una vez, sino varias, tuvo que ir Tlacaélel ante el señor de Azcapotzalco. Mas, por desgracia, los medios pacíficos fracasaron. Fue necesario que los aztecas empuñaran la flecha y el escudo para defender su libertad. Hubo una circunstancia favorable: quien más tarde había de ser rey sabio de los texcocanos, el príncipe Nezahualcóyotl, perseguido también por los tepanecas que habían asesinado a su padre, se convirtió en aliado de los aztecas.

El año 1-Pedernal (1428), como dice lacónicamente la *Crónica Mexicáyotl*, "fueron conquistados los de Azcapotzalco". Los ejércitos azteca y texcocano, dirigidos por cuatro figuras extraordinarias: el rey Itzcóatl, el joven Tlacaélel, su her-

[14] *Ibid.*, pp. 70-71.

mano Motecuhzoma Ilhuicamina y el príncipe sabio Nezahualcóyotl, derrotaron a los tepanecas de Azcapotzalco. Y no sólo esto, sino que persiguieron a Maxtlatzin hasta Coyoacán, antiguo dominio suyo, adonde había ido a refugiarse. Allí, una vez más, contra lo que pudiera preverse, derrotaron por completo a la gente tepaneca.

Esta victoria, tan rápida y tan extraordinaria, iba a ser principio de una nueva actitud, que llegaría a ser característica de los aztecas. Los vencedores habían destruido al señorío más poderoso, que por muchos años había ejercido la hegemonía en el Valle y sus alrededores. Conscientes del significado de su victoria, se consagraron a consolidarla, por medio de una serie de medidas de carácter político, social y religioso. El historiador indígena Chimalpain señala así este punto:

Después de haber triunfado en Coyoacán,
regresaron los señores mexicanos.
[Itzcóatl, Tlacaélel, Motecuhzoma Ilhuicamina.]
Aquellos que habían ido guiando,
recibieron títulos de señorío:
Tlacaélel tomó el título de *Tlacochcálcatl*
[Señor de la Casa de los dardos],
Motecuhzoma Ilhuicamina, el de *Tlacatécatl*
["General" de los ejércitos aztecas]...

Estos príncipes fueron los consejeros
del señor Itzcóatl.
Otros 17 señores,

140

grandes capitanes,
recibieron también cada uno su título.[15]

Paralela con la concesión de títulos de nobleza, vino la distribución de tierras obtenidas de los pueblos conquistados. Tanta importancia tuvo esta antigua distribución de tierras entre los aztecas que, todavía en tiempos de la Colonia, en algunas reclamaciones formuladas por indígenas, como la que se presenta en el *Códice Cozcatzin*, se apela expresamente a esta primera disposición de Itzcóatl y Tlacaélel.

Éste fue el principio del engrandecimiento conscientemente buscado por los aztecas. Tlacaélel, además del título de *Tlacochcálcatl* que había recibido, se convirtió pronto en *Cihuacóatl*, consejero supremo del rey Itzcóatl. De este último dice el *Códice Ramírez* que "no hacía más de lo que Tlacaélel le aconsejaba". Y, como veremos, fueron tantos y de tan grande trascendencia los consejos de Tlacaélel que en realidad puede afirmarse, siguiendo al célebre Henrico Martínez, que fue él "a quien se debió casi toda la gloria del Imperio mexicano".[16]

Impresionado por las múltiples y casi increíbles intervenciones de Tlacaélel, fray Juan de Tor

<hr/>

[15] Domingo F. Chimalpain Cuauhtlehuanitzin, *Sixième et septième relations* (1358-1612), ed. y trad. de Rémi Siméon, París, 1889, pp. 102-103.

[16] Henrico Martínez, *Repertorio de los tiempos e historia natural de Nueva España*, México, Secretaría de Educación Pública, 1948, p. 129.

quemada llegó en su *Monarquía indiana* a dudar acerca de su existencia, pensando que los hechos que se le atribuyen habían sido realizados por Itzcóatl y Motecuhzoma Ilhuicamina. Pero, en contra de la suposición gratuita de Torquemada, hablan acerca de Tlacaélel y sus proezas, entre otras, las siguientes fuentes: los códices *Ramírez, Cozcatzin* y *Azcatitlan,* los *Anales tecpanecas de Azcapotzalco,* la *Historia* de Durán, y las crónicas y relaciones de Tezozómoc y Chimalpain.

La obra y el pensamiento de Tlacaélel, puesto en práctica principalmente por Itzcóatl, Motecuhzoma y Axayácatl, son de tal trascendencia que puede afirmarse que implica el empeño y la realización de una fundamental reforma en los campos político, social, histórico y religioso. Con Tlacaélel nace la visión místico-guerrera del pueblo azteca, que se considera a sí mismo como el pueblo elegido del Sol. En ese misticismo guerrero, que supo aprovechar para sus propios fines el antiguo legado cultural de los toltecas, está el resorte que movió al pueblo mexícatl a realizar obras extraordinarias, entre las que no es la menor la serie de conquistas que los llevó de un océano a otro, así como hasta apartadas regiones de Chiapas y Guatemala.

LA REFORMA DE TLACAÉLEL

Después de la victoria azteca sobre los tepanecas de Azcapotzalco, engreídos los mexicas, sometieron también al señorío de Xochimilco y a los de

142

Cuitláhuac y Chalco, en la región sur del Valle de México. Particularmente la conquista de Cuitláhuac resulta en extremo significativa. Planeada por Tlacaélel, después de haber vencido a los de Xochimilco, se convierte en algo así como un símbolo de lo que habrá de ser toda la obra del gran consejero azteca.

El rey Itzcóatl, persuadido por Tlacaélel, había enviado mensajeros a Cuitláhuac, exigiendo de ellos, so pena de ser conquistados, dos cosas: que le entregaran a sus hijas y hermanas doncellas para que vinieran a Tenochtitlan a cantar y bailar en sus casas de placer, así como el envío de diversas flores, con jardineros experimentados que las plantaran y cultivaran en la capital azteca. En pocas palabras, exigían los aztecas las flores de Cuitláhuac y los cantos de sus doncellas.

Ahora bien, recordando la expresión idiomática de la lengua náhuatl *in xóchitl, in cuícatl,* que literalmente significa "flores y cantos", pero que en su sentido metafórico connota la idea de "poesía, arte y simbolismo", podría vislumbrarse en la pretensión azteca el propósito de obtener para sí, aunque fuera por medio de la guerra, las flores y los cantos, o sea, el mensaje cultural de los otros pueblos del Valle de México.

Vencida la gente de Xochimilco, Cuitláhuac y Chalco, antes de iniciar nuevas conquistas, Tlacaélel decidió consolidar por medio de una reforma ideológica el poderío azteca. Ante todo, le pareció necesario forjar lo que hoy llamaríamos una "conciencia histórica", de la que pudieran

143

estar orgullosos los aztecas. Para esto, reunió Tlacaélel a los señores mexicas. De común acuerdo
se determinó entonces quemar los antiguos códices y libros de pinturas de los pueblos vencidos y
aun los propios de los mexicas, porque en ellos la
figura del pueblo azteca carecía de importancia.
Implícitamente se estaba concibiendo la historia
como un instrumento de dominación:

Se guardaba su historia.
Pero, entonces fue quemada:
cuando reinó Itzcóatl, en México.

Se tomó una resolución,
los señores mexicas dijeron:
no conviene que toda la gente
conozca las pinturas.

Los que están sujetos [el pueblo],
se echarán a perder
y andará torcida la tierra,
porque allí se guarda mucha mentira,
y muchos en ellas han sido tenidos por dioses.[17]

Quemados los viejos libros de pinturas, dan
principio los aztecas a una nueva visión histórica
y religiosa. Las fuentes indígenas de procedencia
mexícatl que hoy se conservan son la mejor prueba de esto. Concebidas para ser fundamento y raíz

[17] Informantes de Sahagún, *Códice Matritense de la Real
Academia*, vol. VIII, fol. 192 v.

de la nueva grandeza, destacan la importancia del pueblo azteca, relacionándolo de diversas formas con los toltecas y con otros pueblos poderosos, como los tarascos de Michoacán, de quienes se pretende en algunas fuentes que eran también un pueblo de origen náhuatl. Por otra parte, los antiguos númenes tribales de los aztecas, como Huitzilopochtli y su madre Coatlicue, comienzan a situarse en un mismo plano con las divinidades creadoras de los tiempos toltecas.

De manera especial conviene referirse a la interpretación que dieron los aztecas al antiguo pensamiento cosmogónico náhuatl. Según éste, el mundo había existido en varias edades o "Soles", que habían alcanzado sucesivamente un cierto florecimiento, al que siguió, en cada caso, un cataclismo que les puso fin. Habían existido así las edades o "Soles" de Tierra, Viento, Fuego y Agua. La edad presente, quinta de la serie, había tenido su origen en Teotihuacán, cuando los dioses, reunidos junto al "Fogón divino", habían creado este nuevo Sol, llamado "de movimiento", que gobierna la vida en la época actual. Este "quinto Sol", o edad, de movimiento, es precisamente el tiempo en el cual ha vivido nuestro príncipe Quetzalcóatl allá en Tula y es también el periodo en el cual el pueblo azteca habrá de desarrollar su historia.

De acuerdo con la antigua tradición, este Sol también tendrá que acabar algún día, como sucedió con las cuatro edades anteriores. Este final cósmico, de sentido más bien pesimista, fue en realidad el origen de la nueva concepción místico-guerrera de los aztecas. Para los sabios antiguos, seguidores del pensamiento tolteca, la única forma de hacer frente al cataclismo que pondría fin a la quinta edad era buscando en un plano personal la manera de crear en sí mismos un "rostro sabio y un corazón firme como la piedra" que hiciera digno al hombre de ir más allá de esta vida, a "la región de los descarnados", en busca del principio supremo *Tloque Nahuaque*, Dueño del cerca y del junto, quien tal vez querría acordarse del hombre, ser fugaz como las plumas de quetzal que se desgarran.

Pero los aztecas, siguiendo el pensamiento de Tlacaélel, que, como lo nota Chimalpain, "fue quien anduvo haciendo, quien anduvo siempre persuadiendo a los mexicas de que su dios era Huitzilopochtli",[18] interpretaron en forma enteramente distinta el anunciado cataclismo que pondría fin a esta quinta edad. Concibieron la posibilidad de evitar la muerte del Sol, identificado ya en su pensamiento con el dios Huitzilopochtli. El Sol-Huitzilopochtli podría ser fortalecido, si se le proporcionaba la energía vital que está encerrada en el líquido precioso que mantiene vivos a los hombres. Ese líquido precioso, el *chalchíuhatl*, era la sangre. Elevando el número de los sacrificios de hombres, cuyo corazón y cuya sangre se ofrecieran al Sol-Huitzilopochtli, se lograría alimentar su vida indefinidamente.

[18] Domingo F. Chimalpain, *ibid.*, p. 106.

146

Para poder realizar en forma constante y frecuente esos sacrificios dirigidos a preservar la vida del Sol, Tlacaélel introdujo entre los aztecas la práctica de "las guerras floridas". En alianza permanente con el señorío de Texcoco y con el que hoy llamaríamos "estado pelele" de Tlacopan o Tacuba, los aztecas organizaron una serie de luchas periódicas contra los señoríos asimismo nahuas de Tlaxcala y Huexotzinco. La finalidad fundamental de estas guerras era obtener víctimas para el sacrificio. El pueblo azteca se constituía así en una especie de pueblo elegido del Sol, dotado de una misión extraordinaria, de resonancias cósmicas: evitar el cataclismo que podría poner fin a la edad o Sol en que vivimos.

La concepción mística del pueblo que se pensó elegido por los dioses para una gran misión tenía por corolario un profundo sentido guerrero, condición indispensable para obtener el agua preciosa de los sacrificios y extender hasta los confines del mundo la gloria del Sol-Huitzilopochtli. Convertidos en un pueblo con misión, de esta idea fundamental se deriva —como lo hace ver Alfonso Caso— el sentido mismo de la vida de los aztecas. De ellos depende que el Universo siga existiendo, porque si el Sol no se alimenta, carecerá de fuerzas para triunfar en la lucha que también ha de sostener contra los poderes tenebrosos de la noche.

Situándose los aztecas al lado del Sol-Huitzilopochtli, se consideran del lado del Bien, en un combate sin tregua contra los poderes del Mal.

Y desde otro punto de vista, esta vez bastante utilitario, puede añadirse que su alianza con el Sol-Huitzilopochtli trae consigo la justificación de todas sus conquistas, la grata confianza de que al someter a otros pueblos, haciéndolos tributarios suyos, se está realizando una suprema misión.

Tal es el meollo de la concepción místico-guerrera infundida por Tlacaélel a los aztecas. Proclamándose y trasmitiéndose por medio de sus libros de pinturas y de sus poemas, aprendidos de memoria en los centros de educación, esta que pudiera llamarse "filosofía del pueblo del Sol" cobró cada día mayor fuerza, hasta convertirse en algo así como la raíz de México-Tenochtitlan. En los nuevos códices, algunos pocos de los cuales todavía se conservan, quedó pintada con rasgos verdaderamente épicos la peregrinación de los aztecas en busca de la "tierra prometida" por sus dioses. En los nuevos himnos sagrados se ensalza así el poder de Huitzilopochtli y la grandeza del pueblo mexícatl:

Haciendo círculos de jade está tendida la ciudad,
irradiando rayos de luz cual pluma de quetzal está
    aquí México:
junto a ella son llevados en barcas los príncipes:
sobre ellos se extiende una florida niebla.

¡Es tu casa, Dador de la vida, reinas tú aquí:
en Anáhuac se oyen tus cantos:
sobre los hombres se extienden!

148

Aquí están en México los sauces blancos,
aquí las blancas espadañas:
tú, cual garza azul extiendes tus alas volando,
tú las abres y embelleces a tus siervos.

Él revuelve la hoguera,
da su palabra de mando
hacia los cuatro rumbos del universo.
¡Hay aurora de guerra en la ciudad![19]

Cimentada la reforma ideológica por medio de la concepción místico-guerrera del Pueblo del Sol, consagra en seguida su atención Tlacaélel a otros varios puntos también de fundamental importancia. El *Códice Ramírez* consigna, en resumen, estas nuevas disposiciones de Tlacaélel, introducidas después de la muerte de Itzcóatl, cuando reinaba ya en México-Tenochtitlan el valeroso Motecuhzoma Ilhuicamina:

Era entonces Tlacaélel ya hombre muy experimentado y sabio. Y así por su consejo e industria puso el rey Motecuhzoma, primero de este nombre, en mucho orden y concierto todas sus repúblicas.

Puso consejos casi tantos como los que hay en España. Puso diversos consistorios que eran como audiencias de oidores y alcaldes de corte: asimismo otros subordinados como corregidores, alcaldes mayores, tenientes, alguaciles mayores e

[19] *Ms. Cantares mexicanos*, fol. 22 v.

inferiores, con un concierto tan admirable que, entendiendo en diversas cosas, estaban de tal suerte subordinados unos a otros que no se impedían, ni confundían en tanta diversidad de cosas, siendo siempre lo más encumbrado el consejo de los cuatro príncipes que asistían con el rey, los cuales, y no otros, daban sentencias en otros negocios de menos importancia, pero habían de dar a éstos memorial de ello; los cuales daban noticias al rey cada cierto tiempo de todo lo que en su reino pasaba y se había hecho.

Puso asimismo este rey por consejo e industria del sabio Tlacaélel en muy gran concierto su casa y corte, poniendo oficiales que le servían de mayordomos, maestresalas, porteros, coperos, pajes y lacayos, los cuales eran sin número, y en todo su reino sus factores, tesoreros y oficiales de hacienda. Todos tenían cargo de cobrar sus tributos, los cuales le habían de traer por lo menos cada mes, que era como queda ya referido, de todo lo que en tierra y mar se cría, así de atavíos, como de comida.

Puso asimismo no menos orden que éste, ni con menos abundancia de ministros de jerarquía eclesiástica de sus ídolos, para lo cual había tantos ministros supremos e ínfimos que me certifican que venía a tal menudencia que para cada cinco personas había uno, que los industriaba en su ley y culto de sus dioses.[20]

[20] *Códice Ramírez*, p. 83.

Como puede verse, las nuevas reformas de Tlacaélel se refieren a tres aspectos básicos: organización política y jurídica, cambios en la administración económica y, finalmente, modificaciones en la organización sacerdotal y en las formas de culto que debían darse a sus dioses. Respecto de este último punto, es conveniente recordar que ya mucho antes de los tiempos aztecas se practicaban los sacrificios humanos. Sin embargo, en lo que toca a la frecuencia de este rito, verosímilmente puede afirmarse que fue Tlacaélel quien elevó su número, de acuerdo con la idea de preservar la vida del Sol con la sangre de las víctimas.

En honor de Huitzilopochtli se empezó a edificar luego —por consejo también de Tlacaélel— un templo mayor, rico y suntuoso. En él se iban a sacrificar numerosas víctimas al Sol-Huitzilopochtli, que había llevado a los mexicas a realizar grandes conquistas: primero de los señoríos vecinos, y luego de los más lejanos de Oaxaca, Chiapas y Guatemala. Hablando con el rey Motecuhzoma Ilhuicamina, a propósito de la dedicación del templo mayor de Tenochtitlan, se expresó así Tlacaélel:

Sacrifíquense esos hijos del Sol, que no faltarán hombres para estrenar el templo, cuando estuviese del todo acabado. Porque yo he pensado lo que de hoy más se ha de hacer; y lo que se ha de venir a hacer tarde, vale más que se haga desde luego, porque no ha de estar atenido nuestro dios

151

a que se ofrezca ocasión de algún agravio para ir a la guerra. Sino que se busque un cómodo y un mercado donde, como a tal mercado, acuda nuestro dios con su ejército a comprar víctimas y gente que coma; y que bien, así como a boca de comal de por aquí cerca halle sus tortillas calientes cuando quisiera y se le antojase comer, y que nuestras gentes y ejércitos acudan a estas ferias a comprar con su sangre y con la cabeza y con su corazón y vida las piedras preciosas y esmeraldas y rubíes y las plumas anchas y relumbrantes, largas y bien puestas, para el servicio del admirable Huitzilopochtli.[21]

Así fue consolidando Tlacaélel la grandeza mexícatl. Sirviéndose del brazo poderoso de Motecuhzoma Ilhuicamina, comenzó a extender los dominios del naciente imperio. Primero fue la conquista de Tepeaca. Más tarde los ejércitos aztecas se lanzaron sobre los huastecos, sobre la gente de Orizaba, sobre los mixtecos de Coaixtláuac. Consecuencia inmediata de estas conquistas fue el engrandecimiento de México-Tenochtitlan. Afluían a la capital azteca tributos procedentes de las regiones sometidas. Fray Diego de Durán, copiando de una antigua crónica indígena, como lo dice expresamente, refiere que entre otras cosas llegaban a la ciudad grandes cantidades de oro en polvo y en joyas, piedras preciosas, cristales, plumas de todos colores, cacao, algodón, mantas, pa-

[21] Fray Diego de Durán, *op. cit.*, t. I, p. 241.

ños labrados con diferentes labores y hechuras, escudos, pájaros vivos de las más preciadas plumas, águilas, gavilanes, garzas, pumas, tigres vivos y gatos monteses que venían en sus jaulas, conchas de mar, caracoles, tortugas chicas y grandes, plantas medicinales, jícaras, pinturas curiosas, camisas y enaguas de mujer, esteras y sillas, maíz, frijoles y chía, madera, carbón, diversas clases de frutos. Tras esta larga enumeración de los principales tributos pagados, concluye el texto diciendo que:

> Tributaban las provincias todas de la tierra, pueblos, villas y lugares, después de ser vencidos y sujetados por guerra y compelidos por ella, por causa de que los valerosos mexicanos tuviesen por bien de bajar las espadas y rodelas, y cesasen de matarlos a ellos y a los viejos y viejas y niños por redimir sus vidas y por evitar la destrucción de sus pueblos y menoscabos de sus haciendas. A esta causa se daban por siervos y vasallos de los mexicanos y les tributaban de todas las cosas criadas debajo del cielo...[22]

En medio de tal abundancia, Motecuhzoma Ilhuicamina, aconsejado por Tlacaélel, puso por obra lo que hoy llamaríamos diversos proyectos dirigidos al engrandecimiento de la nación azteca. Entre otras cosas, envió Motecuhzoma una expedición en busca del mítico lugar llamado Aztlán,

[22] *Ibid.*, p. 203.

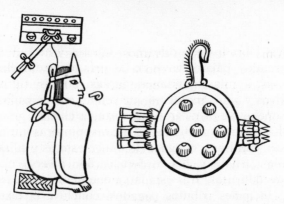

FIGURA 9. *Motecuhzoma Ilhuicamina* (Códice Mendocino)

de donde se decía que procedían los aztecas. La idea subyacente era entroncar de una manera tangible con lo que se consideraba su pasado remoto.

Confundiendo artificiosamente la realidad y el mito, cuando regresaron los enviados, afirmaron haber descubierto el antiguo "lugar de las siete cuevas", Chicomóztoc, así como el viejo Culhuacán, junto a una gran laguna donde todavía vivía la madre de Huitzilopochtli, de nombre Coatlicue. Los emisarios afirmaron haberla contemplado y haberle hecho presentes, a nombre de los aztecas y del señor de éstos, Motecuhzoma Ilhuicamina.

Esta expedición a las llanuras del norte, con la mítica visita a Coatlicue, que parece recordar la entrevista de Sancho con Dulcinea del Toboso, pone de manifiesto, una vez más, lo que ya se ha señalado anteriormente: los aztecas estaban empeñados en encontrar y exaltar sus propias raíces históricas. Persiguiendo este mismo fin, y también por consejo de Tlacaélel, ordenó Motecuh-

zoma se esculpiera en unos peñascos de Chapultepec su efigie, así como la de otros reyes y héroes
aztecas, "para que viendo allí nuestra figura, se
acuerden nuestros hijos y nietos de nuestros
grandes hechos y se esfuercen a imitarnos".[23]

Crecía así cada vez más el prestigio y la gloria
del Pueblo del Sol. Es cierto que también hubo
que hacer frente a grandes problemas, no ya sólo
de guerras, sino también de calamidades, como la
famosa gran hambre que comenzó el año de 1454
y duró otros dos más, debida a una gran sequía
que asoló al Valle de México y sus alrededores.
Sin embargo, de esta y de otras dificultades salieron avante los aztecas, apoyados siempre en su
voluntad indomeñable, manifiesta desde los tiempos de su peregrinación. Aún quedaban sesenta
años al Pueblo del Sol para continuar ensanchan-
do los dominios de Huitzilopochtli.

El esplendor de una atadura de años

Motecuhzoma Ilhuicamina murió el año 2-Peder-
nal (1468), después de un largo reinado de 29
años. De 1468 a 1519, fecha de la llegada de los
españoles, quedaban aún 52 años, o sea, lo que
llaman los pueblos nahuas un *xiuhmolpilli* ("atadura de años"), periodo de 52 años. Este último
periodo iba a constituir precisamente el marco
final del esplendor azteca.

[23] *Loc. cit.*, p. 203.

Muerto Motecuhzoma, los electores aztecas ofrecieron a Tlacaélel, como ya lo habían hecho a raíz de la muerte de Itzcóatl, el título de rey o *tlatoani*. Pero Tlacaélel se rehusó una vez más. En presencia de los señores aliados de Texcoco y Tacuba, expresó su pensamiento a quienes pretendían elegirlo:

Por cierto, hijos míos, yo os lo agradezco
y al rey de Texcoco,
pero venid acá:
yo os quiero que me digáis
de ochenta años a esta parte,
o noventa que ha que pasó la guerra de Azcapotzalco,
¿qué he sido? ¿En qué lugar he estado?

¿Luego no he sido nada?
¿Pues para qué me he puesto corona en la cabeza?
¿Ni he usado de las insignias reales que los reyes
    usan?
¿Luego no ha valido nada todo cuanto he juzgado y
    mandado?
¿Luego injustamente he muerto al delincuente
y he perdonado al inocente?
¿Luego no he podido hacer señores,
ni quitar señores como he puesto y compuesto...?

Mal he hecho en vestirme las vestiduras
y semejanzas de los dioses,
y mostrarme sus semejanzas,
y como dios tomar el cuchillo y matar y sacrificar
    hombres;

y si lo pude hacer,
y lo he hecho ochenta o noventa años ha,
luego rey soy y por tal me habéis tenido;
¿pues qué más rey queréis que sea?...[24]

El mejor comentario de tan expresivo discurso de Tlacaélel, en el que el paralelismo de sus frases deja traslucir claramente su procedencia náhuatl, nos lo ofrece el *Códice Ramírez:*

Y no le faltaba razón —se afirma allí— porque con su industria, no siendo rey, hacía más que si lo fuera... porque no se hacía en todo el reino más que lo que él mandaba.[25]

Por consejo de Tlacaélel se eligió entonces a Axayácatl, nieto de Itzcóatl, quien se asentó como sexto señor de México-Tenochtitlan el año de 1469. Su gobierno trajo consigo la continuación de las conquistas llevadas a cabo por los ejércitos aztecas. De los tiempos de Axayácatl proviene verosímilmente la descripción —elogio de un pueblo guerrero— acerca del *Tlacatécatl* o supremo general de esos ejércitos:

El *Tlacatécatl:* comandante de hombres,
el *Tlacochcálcatl:* señor de la casa de las flechas,
jefe de águilas,
que habla su lengua.

[24] *Op. cit.*, p. 326.
[25] *Loc. cit.*, p. 326.

Su oficio es la guerra que hace cautivos,
gran águila y gran tigre.

Águila de amarillas garras
y poderosas alas,
rapaz,
operario de la muerte.

El genuino *Tlacatécatl*,
el *Tlacochcálcatl*: señor de la casa de las flechas,
instruido, hábil,
de ojos vigilantes, dispone las cosas,
hace planes, ejecuta la guerra sagrada.
Entrega las armas, las rige,
dispone y ordena las provisiones,
señala el camino, inquiere acerca de él,
sigue sus pasos al enemigo.
Dispone las chozas de guerra,
sus casas de madera,
el mercado de guerra.

Busca a los que guardarán los cautivos,
escoge los mejores.
Ordena a los que aprisionarán a los hombres,
disciplinados, conscientes de sí mismos.
Da órdenes a su gente,
les muestra
por dónde saldrá nuestro enemigo.[26]

[26] Informantes indígenas de Sahagún, *Códice Matritense de la Real Academia de la Historia*, vol. VIII, fol. 115 v.

Entre las conquistas llevadas a cabo por los aztecas en este tiempo, hay una particularmente significativa: la de Tlatelolco. Era ésta una ciudad gemela, situada en un islote vecino, al norte de México-Tenochtitlan. Los tlatelolcas eran también mexicas, sólo que se habían separado desde tiempos antiguos del grupo principal, o sea, de los mexicas-tenochcas, fundadores de México-Tenochtitlan.

En apariencia, los motivos de la guerra de Tlatelolco fueron más bien de índole familiar: la hermana del rey Axayácatl, casada con el señor de Tlatelolco, se quejaba de las ofensas e infidelidades de que la hacía víctima su esposo. Pero esto, en realidad, iba a ser sólo ocasión de la guerra. En el corazón de los aztecas existía ya la determinación de imponerse de manera absoluta sobre sus hermanos de Tlatelolco. La lucha fue rápida y fácil, resultando de ella la incorporación total de Tlatelolco a los dominios aztecas.

Otro episodio, esta vez desafortunado, registraron también los códices indígenas durante el reinado de Axayácatl. Se trata de la guerra contra los tarascos de Michoacán, pueblo valeroso y culto que había resistido a la infiltración azteca. Poseedores de instrumentos y armas de cobre, los tarascos vencieron a Axayácatl, cuando éste trató de atacarlos en las cercanías de Tajimaroa, en los límites mismos de los dominios aztecas. Esta derrota, difícil de ser aceptada por los mexicas, se menciona y explica en algunas de sus tradiciones históricas, indicando que el ejército tarasco con-

159

taba con dieciséis mil hombres más que el de los aztecas.

Mas el hecho es que el Pueblo del Sol sufrió en realidad una derrota, que si bien fue la única que registró su historia, no dejó de causar profunda impresión en esos guerreros que hasta entonces sólo conocían la victoria. Se conserva incluso un viejo cantar mexicano en el que se recuerda esta desgracia y se trata de consolar al rey Axayácatl y al señor Tlacaélel. El cantar quiere justificar de algún modo el descalabro sufrido, atribuyendo en parte a sus aliados, "los quisquillosos tlatelolcas", la causa de la derrota:

Nos convocaron a embriagar
en Michoacán, en Zamacoyáhuac,
fuimos a ofrecernos los mexicanos
y quedamos embriagados...

Se consultaron los viejos caballeros águilas.
Tlacaélel y Cahualtzin,
decían que subieran
para dar de beber a sus soldados,
a quienes van a perseguir
al rey de Michoacán.
Sólo que allí
se entregaron en cautiverio
los quisquillosos tlatelolcas.

Mis nietos Zacuantzin, Tepantzin y Cahualtzin
con cabeza y corazón esforzado,
dizque decían:

160

—Escuchad,
¿qué hacen los conquistadores?
¿Ya no quieren morir?
¿Ya no quieren hacer sacrificios?

Cuando vieron que sus guerreros
huían ante ellos,
el oro iba reverberando,
los estandartes de quetzal verdegueaban.

Decían: os cogen prisioneros,
¡no sea así, apresuraos!
No sean sacrificados estos jóvenes…
Axayácatl,
el formidable en la guerra,
¿en mi vejez se dirán acaso
estas palabras de mis caballeros águilas?

Por el brillo de los caballeros águilas,
por el brillo de los caballeros tigres,
es exaltado vuestro abuelo Axayácatl…
¡Oh conquistadores antiguos, volved a vivir![27]

Mas no por esta derrota, en cierto modo acci-
dental, desmayó el ánimo azteca. Continuó sus
conquistas Axayácatl y siguió siendo tan grande
el prestigio de Tlacaélel como consejero suyo que
de él se dice en la *Crónica Mexicáyotl*, evocando
en su favor la victoria sobre Tlatelolco, llevada a
cabo "cuando aún vivía aquel varón de nombre

[27] *Ms. Cantares mexicanos*, fols. 73 v., 74 r.

Tlacaélel, el *Cihuacóatl,* conquistador del mundo"
(in cemanáhuac tepehua).[28]

De acuerdo con el mismo testimonio de la
Crónica Mexicáyotl, Tlacaélel, el gran consejero
de tres reyes aztecas, "el conquistador del mundo", murió durante los últimos años del reinado de
Axayácatl. Habiendo fallecido este último hacia
1481, puede suponerse que la muerte de Tlacaélel
debió ocurrir entre los años de 1475 y 1480.

Desaparecido el gran reformador, su influencia
se seguirá sintiendo, no obstante, hasta los tiempos de la conquista española. Algunas historias
llegan incluso a sostener que Tlacaélel fue todavía consejero de dos reyes más, Tízoc y Ahuízotl
(muerto en 1502), aunque esto parece poco probable si se recuerda la fecha de su nacimiento en
1398. Lo que sí es indudable es que en tiempos de
Motecuhzoma II, Tlacaélel, de acuerdo con todas
las fuentes, había ya fallecido. Este hecho cierto
permite formular una pregunta de respuesta imposible, pero capaz de hacernos pensar: ¿qué hubiera sucedido si la llegada de los españoles hubiera ocurrido en tiempos de Tlacaélel? Porque, como
lo dejó escrito Chimalpain:

> Ninguno tan valeroso,
> como el primero, el más grande,
> el honrado en el reino,
> el gran capitán de la guerra,
> el muy valeroso Tlacaélel
> como se verá en los anales.

[28] *Crónica Mexicáyotl,* p. 121.

Fue él también quien supo hacer
de Huitzilopochtli el dios de los mexicas,
persuadiéndolos de ello...[29]

Desaparecido Tlacaélel y poco después también Axayácatl, la acción guerrera del Pueblo del Sol sufrió un eclipse transitorio al ser elegido como supremo señor Tízoc, hermano de Axayácatl y nieto también de Itzcóatl. Su reinado duró tan sólo cuatro o cinco años y en él mostró más bien pusilanimidad y poco ardor guerrero. Durán, en su *Historia*, explica su muerte precisamente por esto: "viéndolo los de su corte tan para poco, ni deseoso de engrandecer y ensanchar la gloria mexicana, creen que le ayudaron con algún bocado, de lo cual murió muy mozo y de poca edad. Murió el año de 1486..."[30]

Pero si fue escaso el valor guerrero de Tízoc, con creces superó esta deficiencia su hermano menor Ahuízotl, elegido rey el mismo año de la muerte de Tízoc. Con él, los ideales de Tlacaélel y el destino del Pueblo del Sol se volvieron realidad colmada. Ahuízotl concluyó la edificación del suntuoso templo en honor de Huitzilopochtli y Tláloc. Él fue también quien llevó a cabo su fastuosa dedicación, sacrificando en honor del Sol-Huitzilopochtli numerosas víctimas. Con Ahuízotl marcharon los caballeros águilas y tigres, primero, hacia la región del istmo de Tehuantepec, más

[29] Domingo F. Chimalpain, *loc. cit.*
[30] Fray Diego de Durán, *op. cit.*, t. I, p. 322.

tarde al Soconusco y finalmente hasta lo que hoy es Guatemala. El *Códice Ramírez* se expresa así acerca de sus conquistas:

> Fue este rey tan valeroso que extendió su reino hasta la provincia de Guatemala, que hay de esta ciudad de distancia trescientas leguas, no contentándose, hasta los últimos términos de la tierra que cae al mar del sur.[31]

Consagró también su atención el rey Ahuízotl a embellecer aún más la ciudad de México-Tenochtitlan. Se dice que edificó nuevos templos y palacios y sobre todo se empeñó en traer agua de Coyoacán, tanto para el uso de la ciudad como para lograr con ella un nivel uniforme en el lago. El *Códice Ramírez* refiere con abundantes detalles las festividades que tuvieron lugar cuando el agua de Coyoacán llegó por fin a la capital azteca.

Sólo que esta obra llevada a cabo por Ahuízotl vino a ser la causa de su muerte. Porque el exceso de agua produjo una inundación en la ciudad de México. Al tiempo de ésta, Ahuízotl, hallándose en un aposento de su palacio, quiso salir rápidamente de él, con tan mala suerte que, siendo la puerta baja, se dio un golpe en la cabeza que le produjo la dolencia de la que al fin habría de morir. Es cierto que aún tuvo tiempo de reparar los daños causados por la inundación y aún llegó a emprender una guerra para someter a los de Huitzotla,

[31] *Códice Ramírez*, p. 92.

gente de origen huasteco, que se había rebelado contra la dominación azteca. Mas, al fin, su dolencia se recrudeció y tres años después de la inundación, en 1502, murió. De él puede afirmarse que consolidó mejor que nadie el poderío de su pueblo.

El último Motecuhzoma

El año 10-Conejo (1502) se asentó por rey de los aztecas Motecuhzoma Xocoyotzin, hijo de Axayácatl. Hombre de gran talento, había ocupado elevados puestos en su calidad de sacerdote y *tlamatini*, o sabio. Cuando los señores mexicas, de común acuerdo, lo eligieron por rey, tuvieron que ir a sacarlo del templo de Huitzilopochtli, en el que tenía un aposento donde se hallaba de ordinario dedicado a la meditación y al estudio. Electo noveno rey de los aztecas, fue Motecuhzoma el último de los señores mexicas que escuchó aquellas antiguas palabras que repetían los viejos al nuevo rey. Sus dos sucesores, Cuitláhuac y Cuauhtémoc, entronizados durante las luchas de la Conquista, no iban a tener tiempo de oír más discursos, ya que el escudo y la flecha requerían toda su atención como defensores de la ciudad amenazada de ruina. Motecuhzoma Xocoyotzin escuchó estas palabras:

Señor, poderoso sobre todos los de la tierra: ya se han deshecho las nubes y se ha desterrado la oscuridad en que estábamos: ya ha salido el Sol: ya la luz del día nos es presente, la cual oscuridad se nos había causado por la muerte del rey tu tío; pero este día se tornó a encender la candela y antorcha que ha de ser luz de México: hásenos hoy puesto delante un espejo, donde nos hemos de mirar: hate dado el alto y poderoso Señor su Señorío, y hate enseñado con el dedo el lugar de su asiento: ea, pues, hijo mío, empieza a trabajar en esta labranza de los dioses, así como el labrador que labra la tierra, saca de su flaqueza un corazón varonil, y no desmayes ni te descuides...[32]

Las ceremonias de la coronación de Motecuhzoma II fueron solemnes como ninguna. Establecido ya en el poder, tomó luego medidas que permiten descubrir en él una personalidad bien definida, que en cierto modo se ha trazado su propio camino. Ante todo ordenó fueran despedidos los antiguos servidores y oficiales reales de tiempos de Ahuízotl. Expresamente afirmó Motecuhzoma II que él "quería llevar las cosas de su gobierno por la vía que a él le diese más contento y por otra vía de la que su antecesor había gobernado".[33]

Mandó luego le trajeran varios jóvenes, hijos de los señores de México, Texcoco y Tacuba, de los que habían estudiado en los centros superiores de educación, que el mismo Motecuhzoma había dirigido antes, para encomendarles a ellos los puestos de más importancia en su gobierno. Teniéndolos ya en su palacio, dice la historia indí-

[32] Fray Diego de Durán, *op. cit.*, t. I, p. 414.
[33] *Ibid.*, p. 417.

FIGURA 10. *El encuentro* (Códice Florentino)

gena que los reunía con frecuencia en un gran
aposento para continuar su enseñanza e instruc-
ción, hasta que logró infundir en ellos sus propios
ideales y manera de ser.

Otro hecho también significativo de este cambio de actitud manifestado por Motecuhzoma
verosímilmente puede hallarse en monumentos
conmemorativos como el monolito circular, conocido como "piedra de Tízoc", en la cual, en vez
de ensalzarse las grandes conquistas de Ahuízotl,
se conmemoran las más bien limitadas hazañas
del rey Tízoc que, como se sabe, no se había mostrado muy inclinado a la guerra.

¿Son indicio estos hechos de un oculto propósito de Motecuhzoma II de apartarse de algún modo, o pretender modificar quizá, la antigua actitud

167

del Pueblo del Sol, tan bien representada por Ahuízotl, su antecesor? ¿Es que tal vez Motecuhzoma II
se había visto influido por las ideas de hombres
como Nezahualcóyotl y Nezahualpilli de Texcoco,
de Tecayehuatzin y Ayocuan de Huexotzinco, que
pretendían renovar la antigua concepción tolteca,
con un sentido religioso y humano, distinto del
misticismo guerrero del Pueblo del Sol?

Parece difícil responder a estas preguntas.
Pero, al menos, sí puede afirmarse que la actitud
de Motecuhzoma II, como lo mostrará más tarde,
al recibir las primeras noticias de la llegada de los
españoles, era muy distinta de la de Ahuízotl. En
vez de empuñar las armas desde un principio y
rechazar a los forasteros, Motecuhzoma II consultó sus antiguos códices, se preguntó si acaso
Quetzalcóatl y los dioses habían por fin regresado.
Lo que en Motecuhzoma se ha descrito a veces
como una actitud vacilante, en realidad, parece
ser consecuencia de la posición personal de un
hombre eminentemente religioso, muy versado
en sus antiguas doctrinas.

Como confirmación de esto, puede recordarse
otro hecho. En su palacio y en medio del boato
extraordinario con que rodeó su corte, Motecuhzoma II se preocupó también por conocer y acercarse de algún modo al culto religioso de los pueblos vencidos por los aztecas. Mandó edificar así
un adoratorio, dentro del recinto del gran templo
de Huitzilopochtli y Tláloc, al que llamó *Coateocalli*, "casa de diversos dioses". La explicación de esta
medida, inusitada, es la siguiente:

Parecióle al rey Motecuhzoma que faltaba un templo que fuese conmemoración de todos los ídolos que en esta tierra adoraban, y movido con celo de religión mandó que se edificase, el cual se edificó contenido en el de Huitzilopochtli, en el lugar que son ahora las casas de Acevedo: llámanle *Coateocalli*, que quiere decir casa de los diversos dioses que hay en todos los pueblos y provincias; los tenían allí allegados dentro de una sala, y era tanto el número de ellos y de tantas maneras y visajes y hechuras... [34]

Tales son algunos de los indicios que permiten sospechar un cierto cambio de actitud en el pensamiento de Motecuhzoma II. Esto, sin embargo, no significa que hubiera descuidado las guerras floridas, las conquistas de pueblos lejanos, ni el engrandecimiento de su ciudad. Es quizá solamente un indicio de la duda que posiblemente había nacido ya en el corazón del gran *tlatoani*.

Otro tipo de incertidumbres iban a afligir poco después, desde 1517, a Motecuhzoma. Fueron una serie de portentos o presagios funestos que afirmó haber contemplado el señor azteca. Algunos de esos portentos los vio también el pueblo. Contemplaron algo así como una espiga de fuego, una como aurora de fuego que parecía estar punzando el cielo. Aparecía por la noche y dejaba de manifestarse tan sólo cuando la hacía huir el sol. Vieron también arder la casa de Huitzilopochtli,

[34] *Ibid.*, p. 456.

fueron testigos de una especie de rayo que cayó sobre el templo de Xiuhtecuhtli. Fue un rayo sin trueno. Contemplaron también un cometa; el agua del lago que hervía; escucharon las voces de Cihuacóatl que por la noche lloraba y gritaba.

Pero únicamente Motecuhzoma contempló en su "Casa de lo negro", lugar donde se encerraba para orar y meditar, un cierto pájaro ceniciento, que le llevaron quienes lo habían atrapado en la laguna. En la mollera del pájaro había un espejo. Motecuhzoma lo miró y descubrió allí el cielo estrellado. Lo contempló por segunda vez y percibió en él grupos de seres humanos que venían deprisa, dándose empellones; venían montados en una especie de venados. Motecuhzoma consultó a los sabios y conocedores de las cosas ocultas. Examinaron éstos el espejo, pero no vieron nada.

Antes de dos años tuvo noticias Motecuhzoma de la llegada de unos forasteros blancos que habían descendido de barcas grandes como montañas, aparecidas por las costas del Golfo. De nuevo consultó Motecuhzoma a los sacerdotes y a los sabios. Hizo venir a algunos de ellos desde tierras lejanas, como Mitla, en Oaxaca. Motecuhzoma se preguntaba si Quetzalcóatl y los dioses habían regresado.

Las crónicas indígenas de la Conquista refieren en detalle las idas y venidas de los mensajeros que mandó Motecuhzoma al encuentro de los españoles. Relatan también su empeño, casi diríamos obsesión, por impedir que se acercaran a México-Tenochtitlan. Finalmente, esas mismas fuentes describen la actitud psicológica del gran *tlatoani* mexícatl:

Pues cuando oía Motecuhzoma que mucho se indagaba sobre él, que se escudriñaba su persona, que los "dioses" mucho deseaban verle la cara, como que se le apretaba el corazón, se llenaba de grande angustia. Estaba para huir, tenía deseos de huir; anhelaba esconderse huyendo, estaba para huir. Intentaba esconderse, ansiaba esconderse. Se les quería esconder, se les quería escabullir a los "dioses"...

Pero esto no lo pudo. No pudo ocultarse, no pudo esconderse. Ya no estaba válido, ya no estaba ardoroso; ya nada se pudo hacer...

La palabra de los encantadores con que habían trastornado su corazón, con que se lo habían desgarrado, se lo habían hecho estar como girando, se lo habían dejado lacio y decaído, lo tenía totalmente incierto e inseguro por saber [si podría ocultarse] allá donde se ha mencionado.

No hizo más que esperarlos. No hizo más que resolverlo en su corazón, no hizo más que resignarse; dominó finalmente su corazón, se recomió en su interior, lo dejó en disposición de ver y de admirar lo que habría de suceder.[35]

La decisión final de quien aceptó "ver y admirar lo que tenía que suceder" abrió las puertas a

[35] *Visión de los vencidos. Relaciones indígenas de la Conquista*, pp. 42-43.

los españoles, que penetraron por vez primera, el 8 de noviembre de 1519, en la gran capital azteca. Sus intenciones ahora nos son conocidas. Motecuhzoma las ignoraba. El desenlace de la historia lo dejaron consignado quienes fueron testigos inmediatos de ella: algunos conquistadores, como el mismo Hernán Cortés, Bernal Díaz, los dos Tapia y Aguilar; también varios historiadores indígenas que contemplaron la ruina de su ciudad y su cultura nos legaron su propia visión: "la visión de los vencidos".

LA GRANDEZA QUE CONTEMPLARON LOS DIOSES

Hay en los documentos indígenas descripciones parciales de la ciudad de México-Tenochtitlan. Los escritores indígenas pintan la forma como se distribuían palacios y templos, la organización del mercado, los barrios donde trabajaban los artistas, la solemnidad de las fiestas en honor de los dioses. Contemplando la vida de la ciudad con ojos familiarizados a ella, no siempre destacan aquellos aspectos de la gran capital que, vistos con la mirada azorada del forastero, no pueden pasar inadvertidos. Por esto, tal vez la mejor manera de conocer la grandeza de México-Tenochtitlan sea escuchando las palabras de quienes por vez primera la contemplaron, a fines de 1519, viniendo de más allá de las aguas inmensas.

Ya se citaron en la introducción de este libro las palabras de Bernal Díaz del Castillo cuando nos refiere maravillado la primera impresión que tuvo del Valle con sus lagos y sus numerosas poblaciones. "Parecía a las cosas de encantamiento que cuentan en el libro de Amadís... Algunos de nuestros soldados decían que si aquello que veían si era entre sueños..."[36]

Hallándose ya como huéspedes de Motecuhzoma II en México-Tenochtitlan, deja entender Bernal Díaz en su *Historia* que aprovechó esta estancia para darse cuenta por sí mismo de las maravillas de la ciudad. Podría decirse que los capítulos que consagra a describirla son algo así como una guía para el visitante de la ciudad prehispánica, que antes de dos años iba a ser arrasada por completo. Describe primero Bernal el interior de los palacios y los jardines de Motecuhzoma, ya que durante los primeros días, aposentado en las que llama "casas reales", no había tenido tiempo de recorrer la ciudad:

Nos llevaron a aposentar a unas grandes casas donde había aposentos para todos nosotros, que habían sido de su padre del gran Montezuma, que se decía Axayácatl, adonde, en aquella sazón, tenía Montezuma sus grandes adoratorios de ídolos y tenía una recámara muy secreta de piezas y joyas de oro, que era como tesoro de lo que había heredado de su padre Axayácatl... Y tenían hechos grandes estrados y salas muy entoldadas de paramentos de la tierra para nuestro capitán,

[36] Bernal Díaz del Castillo, *op. cit.*, t. I, p. 260.

y para cada uno de nosotros otras camas de esteras y unos toldillos encima, que no se da más
cama por muy gran señor que sea, porque no las
usan; y todos aquellos palacios, muy lucidos y en-
calados y barridos y enramados.[37]

Contemplando de cerca la fastuosa manera de
vida de Motecuhzoma se mostró admirado de la
actitud del gran señor azteca, de sus atavíos, de los
baños diarios que tomaba, de su manera de comer,
de su dignidad y prestancia. Habla de la forma en
que se daba cuenta a Motecuhzoma por escrito de
todas las rentas y tributos enviados por sus vasallos. Maravillado, describe las dos casas que tenía
el rey mexicano:

… llenas de todo género de armas, y muchas de
ellas ricas, con oro y pedrería, donde eran rodelas
grandes y chicas, y unas como macanas, y otras a
manera de espadas de a dos manos, engastadas
en ellas unas navajas de pedernal, que cortan
muy mejor que nuestras espadas y otras lanzas
más largas que no las nuestras, con una braza de
cuchilla, engastadas en ellas muchas navajas, que
aunque den con ella en un broquel o rodela no
saltan, y cortan, en fin, como navajas, que se ra-
pan con ellas las cabezas. Y tenían muy buenos
arcos y flechas, y varas de a dos gajos, y otras de
a uno, con sus tiraderas, y muchas hondas y piedras rollizas…[38]

[37] *Ibid.*, pp. 264-265.
[38] *Ibid.*, p. 263.

Las que llama "casa de aves y casa de todo género de alimañas" despiertan la mayor curiosidad de Bernal. En el Viejo Mundo no existía aún la moderna idea de los jardines zoológicos y botánicos. En México-Tenochtitlan los había, desde los tiempos de Tlacaélel. Oigamos las palabras de Bernal:

Vamos a la casa de aves... desde águilas reales y otras águilas más chicas y otras muchas maneras de aves de grandes cuerpos, hasta pajaritos muy chicos, pintados de diversos colores... Y en aquella casa que dicho tengo había un gran estanque de agua dulce, y tenía en él otra manera de aves muy altas de zancas y colorado todo el cuerpo y alas y cola; no sé el nombre de ellas, mas en la isla de Cuba las llamaban ipiris a otras como ellas; y también en aquel estanque había otras muchas raleas de aves que siempre estaban en el agua.

Dejemos esto y vamos a otra gran casa donde tenían muchos ídolos y decían que eran sus dioses bravos, y con ellos todo género de alimañas, de tigres y leones de dos maneras, unos que son de hechura de lobos, que en esta tierra se llaman adives y zorros, y otras alimañas chicas, y todas estas carniceras se mantenían con carne, y las más de ellas criaban en aquella casa, y las daban de comer venados, gallinas, perrillos y otras cosas que cazaban...[39]

[39] *Ibid.*, p. 274.

Continuando su pintura de la ciudad, habla luego el conquistador de los diversos géneros de artistas, de las huertas de flores y árboles olorosos. Fuera ya de los palacios reales, recuerda Bernal los templos y adoratorios de los dioses. Pero lo que más le llamó la atención fue la gran plaza de Tlatelolco, donde se encontraba el *tianguis* o mercado:

Desde que llegamos a la gran plaza, que se dice el Tatelulco, como no habíamos visto tal cosa, quedamos admirados de la multitud de gente y mercaderías que en ella había y del gran concierto y regimiento que en todo tenían. Y los principales que iban con nosotros nos lo iban mostrando; cada género de mercaderías estaban por sí, y tenían situados y señalados sus asientos. Comencemos por los mercaderes de oro y plata y piedras ricas y plumas y mantas y cosas labradas, y otras mercaderías de indios esclavos y esclavas; digo que traían tantos de ellos a vender a aquella gran plaza como traen los portugueses los negros de Guinea, y traíanlos atados en unas varas largas con colleras a los pescuezos, porque no se les huyesen, y otros dejaban sueltos. Luego estaban otros mercaderes que vendían ropa más basta y algodón y cosas de hilo torcido, y cacahuateros que vendían cacao, y de esta manera estaban cuantos géneros de mercaderías hay en toda la Nueva España...[40]

[40] *Ibid.*, p. 278.

Tras enumerar con detalle las diversas especies de mercancías que había en el mercado, menciona Díaz del Castillo los grandes patios donde estaba el templo mayor. Allí era donde se hacían los sacrificios, acerca de los cuales expresa insistentemente su repugnancia. Subiendo a la pirámide, en compañía de Cortés y Motecuhzoma, ofrece a modo de resumen una nueva vista de la ciudad, contemplada ahora desde donde era su mismo corazón, el templo mayor:

De allí vimos las tres calzadas que entran a México, que es la de Iztapalapa, que fue por la que entramos cuatro días había, y la de Tacuba, que fue por donde después salimos huyendo la noche de nuestro gran desbarate, cuando Cuedlabaca (Cuitláhuac), nuevo señor, nos echó de la ciudad, como adelante diremos, y la de Tepeaquilla. Y veíamos el agua dulce que venía de Chapultepec, de que se proveía la ciudad, y en aquellas tres calzadas, las puentes que tenía hechas de trecho a trecho, por donde entraba y salía el agua de la laguna de una parte a otra; y veíamos en aquella gran laguna tanta multitud de canoas, unas que venían con bastimentos y otras que volvían con cargas y mercaderías; y veíamos que cada casa de aquella gran ciudad, y de todas las más ciudades que estaban pobladas en el agua, de casa a casa no se pasaba sino por unas puentes levadizas que tenían hechas de madera, o en canoas; y veíamos en aquellas ciudades cúes y adoratorios a manera de torres y fortalezas, y todas blanqueando, que era

177

cosa de admiración, y las casas de azoteas, y en las calzadas otras torrecillas y adoratorios que eran como fortalezas.

Y después de bien mirado y considerado todo lo que habíamos visto, tornamos a ver la gran plaza y la multitud de gente que en ella había, unos comprando y otros vendiendo, que solamente el rumor y zumbido de las voces y palabras que allí había sonaba más que de una legua, y entre nosotros hubo soldados que habían estado en muchas partes del mundo, y en Constantinopla, y en toda Italia y Roma, y dijeron que plaza tan bien compasada y con tanto concierto y tamaña y llena de tanta gente no la habían visto.[41]

Tal fue la grandeza que contemplaron los españoles durante su estancia en la capital azteca en calidad de huéspedes. Era el clímax alcanzado por el mundo prehispánico, precisamente en vísperas de su final destrucción. Los forasteros, a quienes equivocadamente se tuvo en un principio por dioses, pronto iban a poner de manifiesto su ambición y codicia. Los españoles, aliados con los tlaxcaltecas y otros pueblos enemigos tradicionales de los aztecas, disponiendo de pólvora, armas de hierro y caballos, y con la falsa aureola de su supuesto carácter divino, rasgarían pronto como si fuera un plumaje de quetzal todo ese esplendor casi mágico, "como lo que se cuenta en el libro de Amadís".

[41] *Ibid.*, pp. 280-281.

No es éste el lugar para repetir la historia de la Conquista. Ya se ha dicho que existe la posibilidad de estudiarla en las dos caras del espejo en que ésta se reflejó: las relaciones e historias de los conquistadores y las crónicas en náhuatl de los indios: visiones de vencedores y vencidos.

Antes de sucumbir por la Conquista el mundo indígena, hubo en él todavía incontables destellos del antiguo valor del Pueblo del Sol: la derrota que se infligió a los españoles, expulsándolos de la ciudad después de la matanza perpetrada por ellos durante la fiesta de Tóxcatl, en el templo mayor. Pero sobre todo es elocuente la defensa de la ciudad durante el sitio de 80 días, en que fue atacada por tierra y por agua. Las figuras de sus dos últimos reyes, Cuitláhuac y Cuauhtémoc, estuvieron a la altura de los grandes señores del pasado, Itzcóatl, Tlacaélel, Motecuhzoma Ilhuicamina, Axayácatl y Ahuízotl. La rendición misma del joven príncipe Cuauhtémoc es el símbolo de la derrota de un pueblo extraordinario que, cautivado por el hechizo mágico de sus flores y cantos, no pudo luchar con armas iguales, al verse atacado por quienes poseían una técnica superior en el arte de destruir ciudades y hombres. El documento indígena escrito en 1528, que se conoce como *Anales de Tlatelolco,* ofrece el dramático final del Pueblo del Sol. Sus cien años de gloria habían terminado:

Éste fue el modo como feneció el Mexicano, el Tlatelolca. Dejó abandonada su ciudad. Allí en Amáxac fue donde estuvimos todos. Y ya no te-

179

níamos escudos, ya no teníamos macanas, y nada teníamos que comer, ya nada comimos. Y toda la noche llovió sobre nosotros.

Ahora bien, cuando salieron del agua ya van Coyohuehuetzin, Tepantemoctzin, Temilotzin y Cuauhtemoctzin. Llevaron a Cuauhtémoc a donde estaba el capitán, y don Pedro de Alvarado y doña Malintzin.

Y cuando aquéllos fueron hechos prisioneros, fue cuando comenzó a salir la gente del pueblo a ver dónde iba a establecerse. Y al salir iban con andrajos, y las mujercitas llevaban las carnes de la cadera casi desnudas. Y por todos lados hacen rebusca los cristianos. Les abren las faldas, por todos lados les pasan la mano, por sus orejas, por sus senos, por sus cabellos.

Y ésta fue la manera como salió el pueblo: por todos los rumbos se esparció; por los pueblos vecinos, se fue a meter a los rincones, a las orillas de las casas de los extraños.

En un año 3-Casa (1521), fue conquistada la ciudad. La fecha en que nos esparcimos fue en *Tlaxochimaco*, un día 1-Serpiente...

El que era gran capitán, el que era gran varón solo por allá va saliendo y no lleva sino andrajos. De modo igual, las mujeres, solamente llevaban en sus cabezas trapos viejos, y con piezas de varios colores habían hecho sus camisas.[42]

[42] *Visión de los vencidos. Relaciones indígenas de la Conquista*, pp. 184-185.

Un canto triste, obra de un *cuicapicqui*, o poeta náhuatl, que logró sobrevivir, sintetiza en cuatro versos la desgracia del pueblo cuyo misticismo guerrero había hecho de él el antiguo señor de México. El sino fatal se había cumplido. Para el mundo náhuatl había llegado el final de esa "quinta edad o Sol en que se vive". Los tesoros de oro y plata, las obras de jade, los libros de pinturas, los plumajes de quetzal, los palacios y templos y, en una palabra, todas sus "flores y cantos", habían sido arrebatados o destruidos para siempre:

Golpeábamos, en tanto, los muros de adobe,
y era nuestra herencia una red de agujeros.
Con los escudos fue su resguardo,
pero ni con escudos pudo ser sostenida su soledad.[43]

[43] *Ibid.*, p. 193.

IV. LOS SEGUIDORES
DE LA ANTIGUA DOCTRINA

Mientras en México-Tenochtitlan y en todos sus vastos dominios se había impuesto, gracias a Tlacaélel, esa visión místico-guerrera del mundo que hacía de los aztecas el pueblo elegido del Sol-Huitzilopochtli, en varias de las ciudades vecinas vivían pensadores profundos, cuyas ideas se orientaban por rumbos distintos. De hecho, como vamos a ver, más de una vez esos sabios y poetas, que hablaban también la lengua mexicana o náhuatl, condenaron la actitud guerrera de los aztecas.

Todos eran partícipes de una misma cultura, en buena parte heredada de los toltecas. Formaban, como se ha dicho, el gran mundo náhuatl. Pero dentro de ese mundo mantenían una postura distinta. Lo que es más, dentro de la misma capital azteca, como veremos, había también quienes parecían repudiar el misticismo guerrero impuesto por Tlacaélel.

Del otro lado de los volcanes, fuera ya del Valle de México, existían los señoríos tlaxcalteca y de Huexotzinco. Enemigos odiados de los aztecas, tenían que sufrir la práctica impuesta por Tlacaélel de las continuas "guerras floridas", destinadas a obtener víctimas humanas para los sacrificios del Sol-Huitzilopochtli.

Hacia 1490 el señor Tecayehuatzin, rey de Huexotzinco, organizó en su palacio un diálogo de poetas y sabios para tratar de esclarecer qué cosa era la poesía. Después de haber conversado ampliamente los invitados, uno de ellos, de nombre Ayocuan, tomando la palabra, hizo el más bello elogio de la ciudad de Huexotzinco. Ese elogio, que proclamaba el carácter pacífico de Huexotzinco, era implícitamente la condenación de ciudades que, como México-Tenochtitlan, habían fundado su gloria sobre los escudos y las flechas. Huexotzinco, en cambio, aparece como la casa de la música, de los libros de pinturas, casa de las mariposas:

Asediada, odiada
sería la ciudad de Huexotzinco,
si estuviera rodeada de cactus,
Huexotzinco circundada de espinosas flechas.

El timbal, la concha de tortuga
se destacan en tu casa,
permanecen en Huexotzinco.
Allí está Tecayehuatzin,
el señor Quecéhuatl,
allí tañe la flauta, canta,
en su casa de Huexotzinco.
Escuchad:
Hacia acá baja nuestro padre el dios.
Aquí está su casa,
donde se encuentra el tamboril de los tigres,
donde han quedado los cantos
al son de los timbales.

Como si fueran flores,
allí se despliegan los mantos de quetzal
en la casa de las pinturas.
Así se venera en la tierra y el monte,
así se venera al único dios.
Como dardos floridos
se levantan tus casas preciosas.
Mi casa dorada de las pinturas,
¡también es tu casa, único dios![1]

Tal era la estima en que tenían aquellos sabios
de Huexotzinco el carácter pacífico de su ciudad,
bien distinto del militarismo de los aztecas. Pero
si Huexotzinco era casa de música y de libros de
pinturas, esto y mucho más puede decirse de otra
gran ciudad del mundo náhuatl: Texcoco.

Situada en la ribera oriental del gran lago en
el Valle de México, era famosa por sus dos sabios
monarcas, Nezahualcóyotl, que reinó de 1418 a
1472, y Nezahualpilli, hijo del primero, de 1472
a 1516. Texcoco se había visto forzada a ingresar
en una alianza con los aztecas, poco después que
éstos habían vencido a los tepanecas de Azcapotzalco. Sin embargo, a pesar de la alianza, la actitud de Nezahualcóyotl y de los texcocanos en general difería profundamente de la de los aztecas.
Nezahualcóyotl, en vez de dejarse ilusionar por la
visión místico-guerrera introducida por Tlacaélel, había estudiado los viejos códices o libros de

---

[1] *Ms. Cantares mexicanos*, Biblioteca Nacional de México, fol. 12 r.

FIGURA 11. *Tecayehuatzin y Nezahualcóyotl*

pinturas, para conocer en ellos cuál había sido el pensamiento y la religiosidad de los antiguos toltecas. Esto fue posible ya que Nezahualcóyotl no había permitido que llegara hasta Texcoco la quema de códices ordenada por Itzcóatl y Tlacaélel, descrita en el capítulo pasado.

Adelante expondremos las ideas propias de algunos de estos sabios texcocanos. Por el momento nos interesa mostrar tan sólo cuál fue la reacción de Nezahualcóyotl frente a la doctrina guerrera de sus aliados aztecas. Obligado a elevar en su ciudad una estatua al Sol-Huitzilopochtli, como muda protesta construyó frente a ella otro templo más suntuoso con una elevada torre dedicada al dios desconocido de los toltecas. Leamos el testimonio que de tan elocuente hecho nos da el escritor mestizo y descendiente de Nezahualcó-

185

yotl, don Fernando de Alva Ixtlilxóchitl. Con la mirada fija en el "dios desconocido"

> le edificó un templo muy suntuoso, frontero y opuesto al templo mayor de Huitzilopochtli, el cual demás de tener cuatro descansos, el cu y fundamento de una torre altísima, estaba edificado sobre él con nueve sobrados, que significaban nueve cielos; el décimo que servía de remate de los otros nueve sobrados, era por la parte de afuera matizado de negro y estrellado, y por la parte interior estaba todo engastado de oro, pedrería y plumas preciosas, colocándolo al Dios referido y no conocido, ni visto hasta entonces, sin ninguna estatua ni formar su figura.[2]

Tal fue la respuesta implícita dada por Nezahualcóyotl con este templo desprovisto de imágenes, que dedicó al dios desconocido, frente al templo de Huitzilopochtli que los aztecas le habían obligado a erigir. Nezahualcóyotl había cumplido con sus aliados, pero les estaba mostrando al mismo tiempo que la doctrina místico-guerrera no reinaba en su corazón.

Pero hay más, en la misma ciudad de México-Tenochtitlan aparecieron también más o menos veladas condenaciones de esa visión místico-guerrera. En la *Colección de cantares mexicanos* hay

---

[2] Fernando de Alva Ixtlilxóchitl, *Historia chichimeca*, en *Obras completas* publicadas por Alfredo Chavero, 2 vols., México, 1891-1892; vol. II, pp. 227-228.

uno de procedencia azteca, dedicado a la memoria de Itzcóatl, el rey que venció a los tepanecas y que, aconsejado por Tlacaélel, comenzó a imponer por medio de sus conquistas la visión guerrera de Huitzilopochtli. El cantar que aquí se transcribe es, en realidad, una alabanza llena de ironía en honor de Itzcóatl. Se dice que fue grande, pero que su grandeza tuvo también su fin. Parece como una advertencia a todos los reyes aztecas. Su visión místico-guerrera del mundo podrá permitirles hacer grandes conquistas, pero al fin el dios desconocido se cansará y los reyes con todas sus glorias tendrán también que ir a la región del misterio:

¡Con este canto es la marcha
a la región del misterio!
Eres festejado,
divinas palabras hiciste,
¡pero has muerto...!

Por eso cuando recuerdo a Itzcóatl,
la tristeza invade mi corazón.
¿Es que estaba ya cansado?
¿O venció la pereza al Señor de la casa?
El Dador de la vida a nadie hace resistente...
Por esto continúa el cortejo:
¡es la marcha general![3]

De este modo se condenó abiertamente, en la misma capital azteca, en Huexotzinco, más allá

[3] *Ms. Cantares mexicanos,* fol. 30 r.

de los volcanes, y en Texcoco, donde reinaba el señor Nezahualcóyotl, la visión místico-guerrera de Tlacaélel. Pero más que la mera desaprobación, es importante considerar la actitud positiva de estos seguidores de la antigua doctrina, que, ahondando en las tradiciones de origen tolteca, lograron forjar de diversos modos lo que puede llamarse una visión poética del universo.

LOS SABIOS COMIENZAN
A INTERROGARSE A SÍ MISMOS

Estos sabios que pronto mostraron su hondo sentido poético compusieron cantares y poemas para expresar lo más hondo de su pensamiento. Se trata de pequeños textos en los que van apareciendo preguntas de hondo sentido filosófico. Las cuestiones que el hombre de todos los tiempos se ha ido proponiendo en las más distintas formas.

Varios son los autores de estos poemas. Entre ellos pueden mencionarse Nezahualcóyotl, el sabio rey de Texcoco, Tecayehuatzin y Ayocuan de Huexotzinco, Tochihuitzin de Tlatelolco y Totoquihuatzin de Tacuba. Todos ellos, conocedores del legado cultural de los tiempos toltecas, experimentaron la necesidad de pensar por sí mismos los grandes problemas que salen al paso al hombre en su vida. Sus meditaciones se conservan en la rica *Colección de cantares mexicanos* de la Biblioteca Nacional de México. Estos textos, que reflejan de manera general la mentalidad de los seguidores de la antigua doctrina, proceden del periodo comprendido entre 1430 y 1519.

El primero que aquí se presenta es una reflexión del sabio náhuatl frente al enigma de la divinidad. Por una parte, conocen la doctrina tolteca que habla de un dios supremo, *Tloque Nahuaque*, "Dueño del cerca y del junto"; *Moyocoyatzin*, "que se está inventando a sí mismo"; el supremo Dios Dual, Ometéotl, que más allá de los cielos, da origen y sostén a todo cuanto existe. Por otra, es consciente el sabio indígena de la fuerza adquirida en el pensamiento del pueblo por númenes tribales como Huitzilopochtli, el antiguo protector de los aztecas, identificado en la práctica con el Sol y adorado en todas partes, gracias al misticismo guerrero, impuesto por Tlacaélel. En este contexto parece que el dios supremo ha pasado a un segundo plano. Ha sido olvidado. ¿Es que en realidad es nula su intervención en la tierra?

> Sólo allá en el interior del cielo,
> tú inventas tu palabra,
> ¡oh Dios!
> ¿Cómo lo determinarás?
> ¿Acaso tendrás fastidio aquí?
>
> ¿Ocultarás aquí tu fama y tu gloria,
> aquí sobre la tierra?
> ¿Cómo lo dispondrás?[4]

[4] *Ibid.*, fol. 13 v.

Contemplando así al dios supremo como una realidad en cierto modo indiferente, cuya fama y gloria se ocultan y de cuya determinación nada puede decirse, surge una nueva pregunta: ¿qué relaciones puede haber entre el hombre y esa suprema divinidad?

> Nadie puede ser amigo
> del Dador de la vida,
> ¡oh amigos!
> Vosotros, ¡águilas y tigres!
>
> ¿A dónde pues iremos?
> ¿Cómo sufriremos aquí?
>
> Que no haya aflicción,
> esto nos hace enfermar,
> nos causa la muerte.
> Pero, esforzaos, que todos
> tendremos que ir al lugar del misterio.[5]

Insistiendo aún en la imposibilidad de conocer el decreto supremo del dios, se llega a sospechar que en realidad el hombre es para el Dador de la vida un objeto de diversión y de burla. Así, tratando de esclarecer el enigma de Dios, la atención de los sabios indígenas comenzó a dirigirse al enigma del hombre. Si no podemos conocer lo que está por encima de nosotros, conviene al menos

[5] *Loc. cit.*

gozar y aprovechar esta vida. Tal es la conclusión
a que llega el siguiente poema:

> El Dador de la vida se burla:
> sólo un sueño perseguimos,
> oh amigos nuestros,
> nuestros corazones confían,
> pero él en verdad se burla.
>
> Conmovidos gocemos,
> en medio del verdor y las pinturas.
> Nos hace vivir el Dador de la vida,
> él sabe, él determina,
> cómo moriremos los hombres.
>
> Nadie, nadie, nadie,
> de verdad vive en la tierra.[6]

Nació así en el ánimo de estos sabios, que comenzaron a hacerse preguntas a sí mismos, el anhelo de aclarar el sentido de su existencia en este
mundo. Por una parte, como lo repite muchas veces en sus poemas el sabio Nezahualcóyotl, no
puede ignorarse el carácter transitorio y de fugacidad absoluta inherente a todo cuanto aquí existe:

> ¿Acaso de verdad se vive en la tierra?
> No para siempre en la tierra: sólo un poco aquí.
> Aunque sea jade se quiebra,
> aunque sea oro se rompe,

[6] *Ibid.*, fol. 13 v.

aunque sea plumaje de quetzal se desgarra,
no para siempre en la tierra: sólo un poco aquí.[7]

La vida en *tlaltícpac* (sobre la tierra) es transitoria. Al fin todo habrá de desaparecer. Hasta las piedras y metales preciosos serán destruidos. ¿No queda entonces algo que sea realmente firme o verdadero en este mundo? Tal es la nueva pregunta que se hace a quien tradicionalmente se cree que da la vida, a *Ipalnemohua:*

¿Acaso hablamos algo verdadero aquí, Dador de la
    vida?
Sólo soñamos, sólo nos levantamos del sueño.
Sólo es como un sueño…
Nadie habla aquí la verdad…[8]

La afirmación de la fugacidad y el escaso valor de la vida en la tierra se repite sin cesar en muchos poemas y cantares procedentes del mundo náhuatl de los siglos xv y xvi. Un ejemplo de este apremio lo ofrece también el sabio Ayocuan Cuetzpaltzin, de Tecamachalco, de quien se afirma que repetía por todas partes en forma de *ritornello* incesante:

¡Que permanezca la tierra!
¡Que estén en pie los montes!
Así venía hablando Ayocuan Cuetzpaltzin

[7] *Ibid.*, fol. 17 r.
[8] *Ibid.*, fol. 5 v.

192

Figura 12. *Tlaltícpac* (Códice Borgia)

en Tlaxcala, en Huexotzinco.
En vano se reparten olorosas flores de cacao...
¡Que permanezca la tierra![9]

Al inquirir acerca de la permanencia de lo que existe sobre la tierra, surgió pronto una de las interrogaciones más hondas y angustiosas: ¿el hombre mismo puede de algún modo escapar a la transitoriedad, a la ficción de los sueños, al mundo de

[9] *Ibid.*, fol. 14 v.

lo que se va para siempre?, o sea, ¿posee acaso el hombre una raíz o verdad más profunda que le permita entroncar su ser con algo plenamente valioso y permanente? Tal es el contenido del siguiente poema, en el que los sabios nahuas se plantean el problema de la *verdad* de los seres humanos:

> ¿Acaso son verdad los hombres?
> Porque si no, ya no es verdadero nuestro canto.
> ¿Qué está por ventura en pie?
> ¿Qué es lo que viene a salir bien?[10]

Para comprender mejor este poema, diremos sólo que *verdad*, en náhuatl, *neltiliztli*, es término derivado del mismo radical que *tla-nélhuatl: raíz*, del que a su vez directamente se deriva: *nelhuáyotl: cimiento, fundamento*. No es, por tanto, mera hipótesis el afirmar que la sílaba temática NEL- connota originalmente la idea de "fijación sólida, o enraizamiento profundo". En relación con esto, puede, pues, decirse que etimológicamente *verdad*, entre los nahuas, era en su forma abstracta *(neltiliztli)* la cualidad de estar firme, bien cimentado o enraizado. Así se comprenderá mejor la pregunta del texto citado: *¿Acaso son verdad los hombres?*, que debe entenderse como: ¿acaso poseen los hombres la cualidad de ser algo firme, bien enraizado? Y esto mismo puede corroborarse con la interrogación que aparece dos líneas

---

[10] *Ibid.*, fol. 10 v.

después, en la que expresamente se pregunta, *¿qué está por ventura en pie?*, lo cual, puesto en relación con las afirmaciones hechas sobre la transitoriedad de las cosas, adquiere su más completo sentido.

Tales son algunas de las cuestiones que se plantearon a sí mismos los sabios nahuas, que, por haber ahondado en el legado cultural de los toltecas, se habían apartado espontáneamente de la visión místico-guerrera de Tlacaélel y los aztecas. Interrogaciones como las contenidas en los textos transcritos ponen de manifiesto un pensamiento vigoroso que reflexiona sobre las cosas y sobre el hombre mismo, hasta llegar a contemplarlos como problema. Este empeño de descubrir problemas y de tratar de resolverlos con la sola luz de la razón, elaborando nuevas doctrinas acerca del mundo, del hombre y de la divinidad, es quizá lo que permite afirmar la existencia de una cierta forma de pensamiento filosófico en el antiguo mundo náhuatl.

Principalmente el afán de encontrar esa *verdad* para el mundo y para el hombre, entendiendo este concepto en su connotación náhuatl, *neltiliztli*, "verdad" (raíz y fundamento), orientó el pensamiento de los *tlamatinime* o sabios nahuas de una manera original y hasta cierto punto exclusiva de ellos. La descripción de la figura ideal de estos sabios y la transcripción íntegra de una de sus discusiones en forma de diálogo permitirán acercarnos a sus ideales y pensamiento.

Expuestas algunas de las inquietudes y problemas de esos sabios nahuas de ciudades como Texcoco, Huexotzinco, Chalco y aun México-Tenochtitlan, parece de interés buscar en los textos indígenas la descripción misma de quienes así pensaban.

En un viejo folio del *Códice Matritense*, donde se conservan los textos de los informantes de Sahagún, es donde se encuentra la pintura del sabio náhuatl. Fray Bernardino de Sahagún anotó al margen de este folio las siguientes palabras en español, *sabios o philosophos*. En su opinión, se trata de hombres cuya actividad se asemejaba de algún modo a la de los antiguos filósofos del mundo clásico:

El sabio: una luz, una tea,
una gruesa tea que no ahúma.
Un espejo horadado,
un espejo agujereado por ambos lados.
Suya es la tinta negra y roja,
de él son los códices, de él son los códices.

Él mismo es escritura y sabiduría.
Es camino, guía veraz para otros.
Conduce a las personas y a las cosas,
es guía en los negocios humanos.

El sabio verdadero es cuidadoso [como un médico]
y guarda la tradición.

Suya es la sabiduría trasmitida,
él es quien la enseña,
sigue la verdad,
no deja de amonestar.

Hace sabios los rostros ajenos,
hace a los otros tomar una cara [una personalidad],
los hace desarrollarla.
Les abre los oídos, los ilumina.
Es maestro de guías,
les da su camino,
de él uno depende.

Pone un espejo delante de los otros,
los hace cuerdos, cuidadosos;
hace que en ellos aparezca una cara
        [una personalidad].

Se fija en las cosas,
regula su camino,
dispone y ordena.
Aplica su luz sobre el mundo.
Conoce lo [que está] sobre nosotros
[y], la región de los muertos.

[Es hombre serio].
Cualquiera es confortado por él,
es corregido, es enseñado.
Gracias a él la gente humaniza su querer
y recibe una estricta enseñanza.
Conforta el corazón,
conforta a la gente,

ayuda, remedia,
a todos cura.[11]

Tal es la descripción náhuatl del sabio, el *tla-matini*, término que literalmente significa "aquel que sabe algo". Una lectura atenta de sus funciones y atributos permite descubrir, en estos posee-dores de la tinta negra y roja de sus códices, a los hombres dedicados a penetrar en el conocimien-to de las antiguas doctrinas toltecas. Alejados de la visión místico-guerrera de Tlacaélel, fueron es-tos *tlamatinime* nahuas quienes elaboraron una concepción hondamente poética acerca del mun-do, del hombre y de la divinidad. Ante la imposi-bilidad de estudiar aquí todas sus diversas doc-trinas, preferimos concentrarnos en dos puntos de fundamental importancia: su anhelo por for-mular adecuadamente una doctrina acerca de la divinidad y lo que puede considerarse como un paso previo, su preocupación por saber si era po-sible decir *palabras verdaderas* en la tierra. Para el pueblo, que tenía tan elevada estimación por estos sabios, ambos problemas son de fundamen-tal importancia, porque los *tlamatinime* eran los más elevados guías dentro del mundo náhuatl pre-hispánico:

Los que ven,
los que se dedican a observar

[11] Informantes de Sahagún, *Códice Matritense de la Real Aca-demia*, vol. VIII, fol. 118 r.

el curso y el proceder ordenado del cielo,
cómo se divide la noche.

Los que están mirando [leyendo],
los que cuentan [o refieren lo que leen].
Los que vuelven ruidosamente las hojas
    de los códices.
Los que tienen en su poder
la tinta negra y roja [la sabiduría]
y lo pintado,
ellos nos llevan, nos guían,
nos dicen el camino.[12]

Los *tlamatinime* habían dejado en cierto modo
para el culto popular de los dioses los innumerables
ritos y sacrificios de la religión náhuatl. Su
preocupación fundamental era encontrar la posibilidad
de infundir en el hombre una auténtica
raíz en este mundo, en el que todo es como un
sueño, como un plumaje de quetzal que se desgarra.
Habían descubierto muchos problemas. Se
preguntaban, "¿por qué el Dador de la vida a nadie
hace resistente?, ¿por qué la divinidad oculta
aquí su fama y su gloria?" Eran conscientes de
que sobre la tierra parece que "el Dador de la
vida en realidad sólo se burla". Les atormentaba

[12] *Colloquios y doctrina cristiana...* (*Libro de los coloquios*
tenidos entre los sabios indígenas y los doce primeros franciscanos
venidos a Nueva España, transcrito por fray Bernardino
de Sahagún.) El original se encuentra en la Biblioteca Vaticana.
Versión al alemán de Walter Lehmann, en *Sterbende
Götter und christliche Heilsbotschaft*, Stuttgart, 1949, p. 97.

la condición inescapable del hombre, "tenemos que irnos, no estamos para siempre en la tierra, sólo un poco aquí". Contemplando la fugacidad de lo que existe, llegaron a concebir la vida del hombre como un sueño: "sólo soñamos, sólo nos levantamos del sueño, nadie habla aquí de verdad". Finalmente, en su afán de encontrar fundamento y raíz, se preguntaron acerca de la *verdad* de los hombres y de la posibilidad misma de decir *palabras verdaderas* en la tierra.

En numerosos textos se repiten estas cuestiones, pero también en no pocas ocasiones aparece el intento de acertar con una respuesta. No creían los sabios indígenas que pudiera lograrse un conocimiento racionalmente claro y preciso, libre de toda objeción. Como se afirma en uno de sus poemas, "puede que nadie llegue a decir la verdad en la tierra".[13]

Sin embargo, implícitamente se acercaron a la formulación de lo que anacrónicamente pudiéramos llamar "una especie de teoría del conocimiento". Valiéndose de una metáfora, de las muchas que posee la rica lengua náhuatl, afirmaron en incontables ocasiones que tal vez la única manera posible de decir palabras verdaderas en la tierra era por el camino de la poesía y el arte que son "flor y canto". La expresión idiomática, *in xóchitl, in cuícatl,* que literalmente significa "flor y canto", tiene como sentido metafórico el de poema, poesía, expresión artística, y, en una palabra,

[13] *Ms. Cantares mexicanos,* fol. 13 r.

simbolismo. La poesía y el arte en general, "flores y cantos", son para los *tlamatinime*, expresión oculta y velada que con las alas del símbolo y la metáfora puede llevar al hombre a balbucir, proyectándolo más allá de sí mismo, lo que en forma misteriosa lo acerca tal vez a su raíz. Parecen afirmar que la verdadera poesía implica un modo peculiar de conocimiento, fruto de auténtica experiencia interior, o, si se prefiere, resultado de una intuición.

Tan sólo que cabe formular muchas preguntas acerca del origen, valor y significado más hondo de esa intuición que fundamenta las "flores y cantos". Este tema preocupó ciertamente a no pocos sabios del mundo náhuatl. Precisamente con el fin de esclarecerlo, tuvo lugar, hacia 1490, en casa del señor Tecayehuatzin, rey de Huexotzinco, una reunión y diálogo de sabios, llegados de diversos lugares. Afortunadamente se conservan en náhuatl las palabras entonces pronunciadas. La preocupación fundamental de quienes allí hablaron fue la de aclarar el más hondo sentido de la poesía y el arte que son "flor y canto".

EL DIÁLOGO DE LA FLOR Y EL CANTO

Reunidos probablemente en algún huerto cercano al palacio del señor Tecayehuatzin, de Huexotzinco, los varios personajes que hacen su aparición en este diálogo presentan sucesivamente su propia interpretación acerca de lo que es el arte y la poesía, "flor y canto". El diálogo se abre con una invitación de Tecayehuatzin a los diversos poetas, seguida de un elogio del simbolismo de "la flor y el canto". Tecayehuatzin se pregunta desde un principio si la flor y canto será realmente lo único *verdadero*, lo único capaz de dar raíz al hombre en la tierra.

Ayocuan, de Tecamachalco, responde inquiriendo a su vez sobre el origen de flores y cantos. ¿Acaso pueden ser un lenguaje para hablar con el Dador de la vida? ¿Son tan sólo un recuerdo del hombre en la tierra? ¿Perduran quizá en el más allá?

Aquiauhtzin, señor de Ayapanco, toma en seguida la palabra y con insistencia afirma que flores y cantos son una invocación al Dador de la vida. Éste, de hecho, se hace presente a través de la inspiración del arte y la poesía. Cuauhtencoztli, poeta de Huexotzinco, expresa sus dudas acerca de la *verdad* que puedan tener el hombre y sus cantos. Le responde Motenehuatzin, príncipe *teupil*, esforzándose por disipar la que considera actitud pesimista de Cuauhtencoztli. En realidad, son las flores y cantos lo único que puede ahuyentar la tristeza.

En una especie de interludio vuelve a tomar la palabra el señor Tecayehuatzin para exhortar de nuevo a los poetas allí congregados a alegrarse. Motenehuatzin hace eco a sus palabras insistiendo en que flor y canto es la riqueza y alegría de los príncipes.

Pero la discusión acerca del sentido de la poesía descrita ya, como tal vez lo único *verdadero* en la tierra, como el don de los dioses, como el único recuerdo del hombre en la tierra, como el camino para encontrar a la divinidad, y como alegría y riqueza de los príncipes, es considerada ahora por Xayacámach como el único modo de embriagar los corazones para olvidarse aquí de la tristeza. Hablando del corazón embriagado por flores y cantos, Xayacámach se ve interrumpido por Tlapalteuccitzin, quien también desea hablar acerca de las flores. En función de ellas se describe a sí mismo. Afirma que entre flores y cantos ha nacido. Siendo esta vida experiencia única, es necesario cultivar la propia raíz de la flor y el canto, alegrarse con ella y gozar en la casa de la primavera y de las pinturas.

Ayocuan, de Tecamachalco, ha seguido con interés la trayectoria del diálogo. Al ver que éste se aproxima a su fin, toma una vez más la palabra para formular, en función de flores y cantos, el supremo elogio de la ciudad de Tecayehuatzin: Huexotzinco. Allí, donde está la casa de las pinturas, las casas preciosas, no reina la guerra. Es la ciudad de los timbales, las flautas y las conchas de tortuga. En ella se han quedado prendidos los cantos al son de tamboriles y timbales.

Tecayehuatzin, que ha sido el huésped generoso de esta reunión, así como le dio principio, le da también fin. Presenta una última idea acerca de lo que es la poesía, "flor y canto". Cada quien ha dado su propia opinión, tal vez no sea posible ponerse de acuerdo. Pero, al menos, sí estarán todos anuentes en reconocer que las flores y los cantos son precisamente lo que hace posible la reunión de los amigos. Éste es "el sueño de una palabra"; gracias a la flor y el canto, "sabemos que son verdaderos los corazones de nuestros amigos".

Tal es, en pocas palabras, el argumento del diálogo de la flor y el canto. A continuación se ofrece la versión íntegra y literal del mismo.

DIÁLOGO DE LA POESÍA: FLOR Y CANTO

TECAYEHUATZIN

Invitación a los poetas.	¿Dónde andabas, oh poeta? Apréstese ya el florido tambor, ceñido con plumas de quetzal, entrelazadas con flores doradas. Tú darás deleite a los nobles, a los caballeros águilas y tigres.
Su llegada al lugar de la música.	Bajó sin duda al lugar de los atabales, allí anda el poeta, despliega sus cantos preciosos, uno a uno los entrega al Dador de la vida.
"Flor y canto": el don del pájaro cascabel.	Le responde el pájaro cascabel. Anda cantando, ofrece flores. Nuestras flores ofrece. Allá escucho sus voces, en verdad al Dador de la vida responde, responde el pájaro cascabel,

anda cantando, ofrece flores.
Nuestras flores ofrece.

La poesía
del príncipe
Ayocuan.

Como esmeraldas y plumas finas,
llueven tus palabras.
Así habla también Ayocuan
    Cuetzpaltzin,
que ciertamente conoce al Dador de
    la vida.
Así vino a hacerlo también
aquel famoso señor
que con ajorcas de quetzal
    y con perfumes,
deleitaba al único Dios.

"Flor y canto",
¿lo único
verdadero?

¿Allá lo aprueba tal vez el Dador de
    la vida?
¿Es esto quizás lo único verdadero
    en la tierra?

Invitación y
alabanza de
los príncipes
poetas.

Por un breve momento,
por el tiempo que sea,
he tomado en préstamo a los príncipes:
ajorcas, piedras preciosas.
Sólo con flores circundo a los nobles.
Con mis cantos los reúno
en el lugar de los atabales.
Aquí en Huexotzinco he convocado
    esta reunión.
Yo el señor Tecayehuatzin,
he reunido a los príncipes:
piedras preciosas, plumajes de quetzal.
Sólo con flores circundo a los nobles.

Respuesta
de Ayocuan.
El origen
de "la flor y el
canto". Elogio
de Tecayehuatzin
y de la amistad.

Del interior del cielo vienen
las bellas flores, los bellos cantos.
Los afea nuestro anhelo,
nuestra inventiva los echa a perder,
a no ser los del príncipe chichimeca
   Tecayehuatzin.
¡Con los de él, alegraos!

La amistad es lluvia de flores
   preciosas.
Blancas vedijas de plumas de garza,
se entrelazan con preciosas flores
   rojas:
en las ramas de los árboles,
bajo ellas andan y liban
los señores y los nobles.

Las flores y
los cantos
de los príncipes,
¿hablan acaso
al Dador
de la vida?

Vuestro hermoso canto:
un dorado pájaro cascabel,
lo eleváis muy hermoso.
Estáis en un cercado de flores.
Sobre las ramas floridas cantáis.
¿Eres tú acaso, un ave preciosa del
   Dador de la vida?
¿Acaso tú al dios has hablado?
Habéis visto la aurora,
y os habéis puesto a cantar.

Anhelo de hallar
flores y cantos.

Esfuércese, quiera las flores
   del escudo,
las flores del Dador de la vida.

¿Qué podrá hacer mi corazón?
En vano hemos llegado,
en vano hemos brotado en la tierra.

"Flor y canto":
recuerdo del
hombre
en la tierra.

¿Sólo así he de irme
como las flores que perecieron?
¿Nada quedará en mi nombre?
¿Nada de mi fama aquí en la tierra?
¡Al menos flores, al menos cantos!
¿Qué podrá hacer mi corazón?
En vano hemos llegado,
en vano hemos brotado en la tierra.

Las "flores
y cantos"
perduran
también con el
Dador de la vida.

Gocemos, oh amigos,
haya abrazos aquí.
Ahora andamos sobre la tierra florida.
Nadie hará terminar aquí
las flores y los cantos,
ellos perduran en la casa del Dador
de la vida.

Expresión de
duda: aquí es
la "región del
momento
fugaz", ¿cómo
es en el
más allá?

Aquí en la tierra es la región
del momento fugaz.
¿También es así en el lugar
donde de algún modo se vive?
¿Allá se alegra uno?
¿Hay allá amistad?
¿O sólo aquí en la tierra
hemos venido a conocer nuestros
rostros?

La respuesta　　Por allá he oído un canto,
de Aquiauhtzin.　lo estoy escuchando,
　　　　　　　　toca su flauta,
　　　　　　　　sartal de flores, el rey Ayocuan.
　　　　　　　　Ya te responde,
　　　　　　　　ya te contesta,
　　　　　　　　desde el interior de las flores
　　　　　　　　Aquiauhtzin, señor de Ayapanco.

La búsqueda　　¿Dónde vives, oh mi dios,
del Dador de　　Dador de la vida?
la vida.　　　　Yo a ti te busco.
　　　　　　　　Algunas veces, yo poeta
　　　　　　　　por ti estoy triste,
　　　　　　　　aunque sólo procuro alegrarte.

Desde la región　Aquí donde llueven
de las flores　　las blancas flores,
y las pinturas　las blancas flores preciosas,
se busca　　　en medio de la primavera,
al Dador　　　en la casa de las pinturas,
de la vida.　　yo sólo procuro alegrarte.

Todos aguardan　¡Oh, vosotros que de allá de Tlaxcala,
la palabra del　habéis venido a cantar, al son
Dador de　　　　de brillantes timbales,
la vida.　　　en el lugar de los atabales!
　　　　　　　　Flores fragantes:
　　　　　　　　el señor Xicoténcatl de Tizatlan,
　　　　　　　　Camazochitzin, quienes se alegran
　　　　　　　　　　con cantos y flores,
　　　　　　　　aguardan la palabra del dios.

Invocación
insistente
al Dador
de la vida.

En todas partes está
tu casa, Dador de la vida.
La estera de flores,
tejida con flores por mí.
Sobre ella te invocan los príncipes.

El pájaro
cascabel,
símbolo del
Dador
de la vida,
aparece
cantando.
Con su venida
llueven
las flores.

Los variados árboles floridos se
    yerguen
en el lugar de los atabales.
Tú estás allí:
Con plumas finas entreveradas,
hermosas flores se esparcen.
Sobre la estera de la serpiente
    preciosa,
anda el pájaro cascabel,
anda cantando,
sólo le responde al señor,
alegra a águilas y tigres.

Ya llovieron las flores,
¡comience el baile, oh amigos
    nuestros,
en el lugar de los atabales!

Nueva pregunta.

¿A quién se espera aquí?
Se aflige nuestro corazón.

El Dador de la
vida se hace
presente en
las flores
y los cantos.

Sólo el dios,
escucha ya aquí,
ha bajado del interior del cielo,
viene cantando.
Ya le responden los príncipes,
que llegaron a tañer sus flautas.

209

CUAUHTENCOZTLI

Yo Cuauhténcoz, aquí estoy sufriendo.
Con la tristeza he adornado
mi florido tambor.

Las preguntas
sobre la verdad
de los hombres
y los cantos.

¿Son acaso verdaderos los hombres?
¿Mañana será aún verdadero nuestro
    canto?
¿Qué está por ventura en pie?
¿Qué es lo que viene a salir bien?
Aquí vivimos, aquí estamos,
pero somos indigentes, oh amigo.
Si te llevara allá,
allí sí estarías en pie.

MOTENEHUATZIN

Motenehuatzin
toma la palabra.

Sólo he venido a cantar.
¿Qué decís, oh amigos?
¿De qué habláis aquí?
Aquí está el patio florido,
a él viene,
oh príncipes, el hacedor de cascabeles,
con llanto, viene a cantar,
en medio de la primavera.
Flores desiguales,
cantos desiguales,
en mi casa todo es padecer.

"Flores y cantos":
lo que ahuyenta
la tristeza.

En verdad apenas vivimos,
amargados por la tristeza.
Con mis cantos,

210

como plumas de quetzal entretejo a
    la nobleza,
a los señores, a los que mandan, yo,
    Motenehuatzin.
Oh Telpolóhuatl, oh príncipe
    Telpolóhuatl,
todos vivimos,
todos andamos en medio
    de la primavera.
Flores desiguales, cantos desiguales,
en mi casa todo es padecer.

También él,
Motenehuatzin,
ha oído un canto
inspirado.

He escuchado un canto,
he visto en las aguas floridas
al que anda allí en la primavera,
al que dialoga con la aurora,
al ave de fuego, al pájaro de las
    milpas,
al pájaro rojo: al príncipe
    Monencauhtzin.

TECAYEHUATZIN

De nuevo
Tecayehuatzin
exhorta a todos
a alegrarse.

Amigos míos, los que estáis allí,
los que estáis dentro de la casa florida,
del pájaro de fuego, enviado por el
    dios.
Venid a tomar el penacho de quetzal,
que vea yo
a quienes hacen reír a las flautas
    preciosas,
a quienes están dialogando
    con tamboriles floridos:

211

Los príncipes, los señores,
que hacen sonar, que resuenan,
los tamboriles con incrustaciones de
    turquesa,
en el interior de la casa de las flores.
Escuchad,
canta,
parla en las ramas del árbol con flores,
oíd cómo sacude su florido cascabel
    dorado,
el ave preciosa de las sonajas:
el príncipe Monencauhtzin.
Con su abanico dorado
anda abriendo sus alas,
y revolotea entre los atabales floridos.

MONENCAUHTZIN

"Flor y canto":   Brotan, brotan las flores,
riqueza y alegría   abren sus corolas las flores,
de los príncipes.   ante el rostro del Dador de la vida.
    Él te responde.
El ave preciosa del dios,
al que tú buscaste.
Cuántos se han enriquecido con tus
    cantos,
tú los has alegrado.
¡Las flores se mueven!
Por todas partes ando,
por doquiera converso yo poeta.
Han llovido olorosas flores preciosas
en el patio enflorado,
dentro de la casa de las mariposas.

212

XAYACÁMACH

*"Flor y canto":
modo de
embriagar
los corazones.*

Todos de allá han venido
de donde están en pie las flores
las flores que trastornan a la gente,
las flores que hacen girar
    los corazones.
Han venido a esparcirse,
han venido a hacer llover
guirnaldas de flores,
flores que embriagan.
¿Quién está
sobre la estera de flores?
Ciertamente aquí es tu casa,
en medio de las pinturas,
habla Xayacámach.
Se embriaga con el corazón de la flor
    del cacao.

Resuena un hermoso canto,
eleva su canto Tlapalteuccitzin.
Hermosas son sus flores,
se estremecen las flores,
las flores del cacao.

TLAPALTEUCCITZIN

*Salutación
del recién
llegado.*

Oh amigos, a vosotros os ando
    buscando.
Recorro los campos floridos
y al fin aquí estáis.
¡Alegraos,
narrad vuestras historias!
Oh amigos, ha llegado vuestro amigo.

213

También quiere
hablar acerca
de las flores.

¿Acaso entre flores
vengo a introducir
la flor del cadillo y del muicle,
las flores menos bellas?
¿Acaso soy también invitado,
yo menesteroso, oh amigos?

Descripción
de sí mismo:
"cantor
de flores".

¿Yo quién soy?
Volando me vivo,
compongo un himno,
canto las flores:
mariposas de canto.
Surjan de mi interior,
saboréelas mi corazón.
Llego junto a la gente,
he bajado yo, ave de la primavera,
sobre la tierra extiendo mis alas,
en el lugar de los atabales floridos.
Sobre la tierra se levanta, brota mi
    canto.

Su origen y
su vida:
flores y cantos.

Aquí, oh amigos, repito mis cantos.
Yo entre cantos he brotado.
Aún se componen cantos.
Con cuerdas de oro ato
mi ánfora preciosa.
Yo que soy vuestro pobre amigo.
Sólo atisbo las flores, yo amigo
    vuestro,
el brotar de las flores matizadas.
Con flores de colores he techado mi
    cabaña.
Con eso me alegro,
muchas son las sementeras del dios.

Invitación a alegrarse.	¡Haya alegría! Si de veras te alegraras en el lugar de las flores, tú, ataviado con collares, señor Tecayehuatzin.
La vida: experiencia única.	¿Acaso de nuevo volveremos a la vida? Así lo sabe tu corazón: Sólo una vez hemos venido a vivir.
Respuesta: flores y cantos deleitan al hombre y acercan al Dador de la vida.	He llegado a los brazos del árbol florido, yo, florido colibrí, con aroma de flores me deleito, con ellas mis labios endulzo. Oh dador de la vida, con flores eres invocado. Nos humillamos aquí, te damos deleite en el lugar de los floridos atabales, ¡señor Atecpanécatl! Allí guarda el tamboril, lo guarda en la casa de la primavera, allí te esperan tus amigos, Yaomanatzin, Micohuatzin, Ayocuatzin. Ya con flores suspiran los príncipes.

AYOCUAN

Alabanza de Huexotzinco:	Asediada, odiada sería la ciudad de Huexotzinco,

215

*no es una
ciudad
guerrera.*

si estuviera rodeada de dardos,
Huexotzinco circundada de espinosas
   flechas.

*Huexotzinco,
casa de timbales
y cantos,
casa del Dador
de la vida.*

El timbal, la concha de tortuga
repercuten en tu casa,
permanecen en Huexotzinco.
Allí vigila Tecayehuatzin,
el señor Quecéhuatl,
allí tañe la flauta, canta,
en su casa de Huexotzinco.
Escuchad:
hacia acá baja nuestro padre el dios.
Aquí está su casa,
donde se encuentra el tamboril de los
   tigres,
donde han quedado prendidos los
   cantos
al son de los timbales.

*Las casas de
pinturas donde
mora el Dador
de la vida.*

Como si fueran flores,
allí se despliegan los mantos
   de quetzal
en la casa de las pinturas.
Así se venera en la tierra y el monte,
así se venera al único dios.
Como dardos floridos e ígneos
se levantan tus casas preciosas.
Mi casa dorada de las pinturas,
¡también es tu casa, único dios!

La primavera	Y ahora, oh amigos,
llega y se va.	oíd el sueño de una palabra:
"El sueño de una	Cada primavera nos hace vivir,
palabra ilumina:	la dorada mazorca nos refrigera,
son verdaderos	la mazorca rojiza se nos torna un
nuestros	collar.
amigos."	¡Sabemos que son verdaderos
	los corazones de nuestros amigos![14]

Tal es el diálogo del simbolismo y la poesía, "flor y canto", sostenido por los sabios nahuas en su afán por decir *palabras verdaderas* en la tierra, acerca de lo que nos sobrepasa, la región del misterio. A continuación veremos cómo, valiéndose precisamente de la poesía, formularon los *tlamatinime* una concepción sobre la divinidad, enteramente distinta de la impuesta a los aztecas por Tlacaélel. La concepción de la divinidad a que llegaron estos sabios de Texcoco, Huexotzinco, Chalco y otras ciudades del mundo náhuatl, como se ha dicho, tiene sus más hondas raíces en el viejo pensamiento de los toltecas.

LA DIVINIDAD CONCEBIDA
EN RELACIÓN DE FLORES Y CANTOS

Tanto Nezahualcóyotl, señor de Texcoco, como Tecayehuatzin, de Huexotzinco, y otros varios pen-

---

[14] *Ms. Cantares mexicanos*, fols. 9 v.-11 v.

sadores se empeñaron por comprender de algún modo, en relación con su pensamiento de símbolos y poesía, el enigma supremo de la divinidad. Indudablemente, no podía satisfacerles el culto de los sacrificios humanos impuesto por los aztecas. Claramente señala este punto el ya citado Ixtlilxóchitl en su *Historia chichimeca:*

> Tuvo [Nezahualcóyotl] por falsos a todos los dioses que adoraban los de esta tierra, diciendo que no eran sino estatuas de demonios enemigos del género humano; porque fue muy sabio en las cosas morales y el que más vaciló, buscando de dónde tomar lumbre para certificarse del verdadero Dios y criador de todas las cosas, como se ha visto en el discurso de su historia, y dan testimonio sus cantos que compuso en razón de esto, como es el decir, que había un solo [Dios], y que éste era el hacedor del cielo y de la tierra, y sustentaba todo lo hecho y criado por él, y que estaba donde no tenía segundo sobre los nueve cielos que él alcanzaba: que jamás se había visto en forma humana, ni en otra figura...[15]

En realidad, la actitud de Nezahualcóyotl y posteriormente de su hijo Nezahualpilli, ambos señores de Texcoco, fue la de volverse a la antigua doctrina tolteca. Más abajo veremos cómo los títulos con que designa Nezahualcóyotl al su-

[15] Fernando de Alva Ixtlilxóchitl, *op. cit.*, t. II, p. 243.

premo Dador de la vida coinciden en general con las antiguas invocaciones toltecas.

Sin embargo, tanto Nezahualcóyotl como los otros *tlamatinime* de los siglos XV y XVI no fueron meros ecos de un pensamiento antiguo. También supieron pensar por su cuenta, "con flores y cantos", como lo muestra el siguiente texto, que puede atribuirse verosímilmente a Tecayehuatzin, señor de Huexotzinco. Se trata de una profunda meditación acerca del valor del hombre frente a la divinidad. El pensador náhuatl reflexiona acerca del enigma supremo. Llama a dios con el antiguo título de Dador de la vida, que Tlacaélel hábilmente pretendió hacer sinónimo del Sol-Huitzilopóchtli.

La meditación de Tecayehuatzin implica en el fondo la paradoja del hombre en la tierra. Comienza llamando a la divinidad "Dueño del cerca y del junto" *(Tloque Nahuaque)*, antigua invocación tolteca. Reconoce que al lado de Él nada hace falta al hombre, y al final llega a afirmar que tal vez todas las cosas bellas sean manifestaciones de Dios. Pero la parte central de su meditación es la repetición y profundización de la duda tremenda: ¿Qué somos los hombres para la divinidad? ¿Qué es la divinidad para los hombres? Veamos el texto mismo:

> Tú, Dueño del cerca y del junto,
> aquí te damos placer,
> junto a ti nada se echa de menos,
> ¡oh Dador de la vida!
> Sólo como a una flor nos estimas,

así nos vamos marchitando, tus amigos.
Como a una esmeralda,
tú nos haces pedazos.
Como a una pintura,
tú así nos borras.
Todos se marchan a la región de los muertos,
al lugar común de perdernos.
¿Qué somos para ti, oh Dios?
Así vivimos.
Así, en el lugar de nuestra pérdida,
así nos vamos perdiendo.
Nosotros los hombres,
¿a dónde tendremos que ir?

Por esto lloro,
porque tú te cansas,
¡oh Dador de la vida!
Se quiebra el jade,
se desgarra el quetzal.
Tú te estás burlando.
Ya no existimos.
¿Acaso para ti somos nada?
Tú nos destruyes,
tú nos haces desaparecer aquí.

Pero repartes tus dones,
tus alimentos, lo que da abrigo,
¡oh Dador de la vida!
Nadie dice, estando a tu lado,
que viva en la indigencia.
Hay un brotar de piedras preciosas,
hay un florecer de plumas de quetzal,

¿son acaso tu corazón, Dador de la vida?
Nadie dice, estando a tu lado,
que viva en la indigencia.[16]

Siendo el hombre como el jade que se quiebra y el plumaje de quetzal que se desgarra, busca anhelante una raíz en qué poder cimentarse. Ya vimos que en náhuatl "verdad" *(neltiliztli)* connota la idea de raíz. Hemos visto asimismo que para los *tlamatinime* la única forma de decir palabras verdaderas, capaces de introducir raíz en el hombre, es por el camino de las flores y los cantos, o sea del simbolismo y la poesía. No es, pues, de extrañar que en textos como el citado veamos a los sabios nahuas preocupados por encontrar esa verdad o raíz que tanta falta les hace.

Se ha preguntado Tecayehuatzin si los hombres no existen delante de Dios, si acaso son sólo un objeto con el que la divinidad se divierte. Mas, al lado de tan angustiosas preguntas, comienza a vislumbrarse una respuesta teñida ciertamente de un dejo de escepticismo:

Hay un brotar de piedras preciosas,
hay un florecer de plumas de quetzal,
¿son acaso tu corazón, Dador de la vida?[17]

Matizado asimismo de duda, existe otro texto debido a un pensador anónimo de la región de

[16] *Ms. Cantares mexicanos*, fol. 12 v.
[17] *Loc. cit.*

Chalco, cercana a Xochimilco, que vuelve a plantear desde un punto de vista distinto el problema de la divinidad. Los toltecas concebían a Dios como un principio ambivalente, dos rostros, uno masculino y otro femenino, pero un solo Dios: el Dios Dual, Ometéotl. Ese dios a quien los toltecas invocaban llamándolo "Señor y Señora de nuestra carne" *(Tonacatecuhtli, Tonacacíhuatl)*, ¿realmente existía? Y en caso de existir, ¿dónde estaba su morada? He aquí las preguntas que se plantea el pensador de Chalco:

> ¿A dónde iré?,
> ¿a dónde iré?
> El camino del Dios Dual.
> ¿Por ventura es tu casa en el lugar
>   de los descarnados?,
> ¿acaso en el interior del cielo?,
> ¿o solamente aquí en la tierra
> es el lugar de los descarnados?[18]

El pensador de Chalco se ha propuesto una triple interrogación. Se trata de las tres únicas posibilidades respecto del sitio donde puede morar Ometéotl. ¿Vive en algunos de los pisos celestiales que están por encima de la tierra, o tan sólo aquí en este mundo, o acaso en la región de los muertos, a donde van los descarnados? La solución hallada por los *tlamatinime* nos la da, entre otros, un texto, proveniente esta vez de Tex-

18 *Ibid.*, fol. 35 v.

FIGURA 13. *Dualidad divina* (Códice Borgia)

coco y conservado asimismo dentro de la *Colección de cantares mexicanos* de la Biblioteca Nacional. Escuchemos la respuesta en la que se designa a Ometéotl, Dios Dual, como Madre y Padre de los dioses, el dios viejo de las antiguas culturas:

Madre de los dioses, padre de los dioses, el dios viejo,
tendido en el ombligo de la tierra,
metido en un encierro de turquesas.
El que está en las aguas color de pájaro azul,
el que está encerrado en nubes,

el dios viejo, el que habita en las sombras
de la región de los muertos,
el señor del fuego y del año.[19]

Tal es la respuesta: el que es Padre y Madre
de los dioses da raíz o verdad a la tierra "tendido
en su ombligo". Por otra parte, está más allá de
la tierra, "en las aguas color de pájaro azul", que
circundan al mundo; está por encima de las nubes y asimismo se halla presente "en la región de
los muertos". Es, en una palabra, *Tloque Nahuaque*, Dueño del cerca y del junto, Señor del espacio y el tiempo.

Y como una nueva afirmación de la omnipresencia del Dueño del cerca y del junto, tanto en el
espacio como en el pensamiento mismo de los pueblos de habla azteca o náhuatl, encontramos numerosos textos de carácter ritual que se repetían
en ceremonias como la del nacimiento de una criatura, el matrimonio, la educación de los hijos, la
muerte de alguien, etc., en los que se mencionan
expresamente los diversos títulos de la divinidad
suprema. Así, por ejemplo, cuando había venido
a este mundo un nuevo ser humano, después de
haberle cortado el ombligo y haberlo lavado, la
partera náhuatl lo levantaba y pronunciaba las
siguientes palabras, invocación del Dios Dual,
Señor del cerca y del junto:

[19] Informantes de Sahagún, *Códice Florentino*, lib. VI,
fol. 34 v.

224

Señor, amo nuestro:
la de la falda de jade,
el de brillo solar de jade.
Llegó el hombre
y lo envió acá nuestra madre, nuestro padre,
el Señor dual, la Señora dual,
el del sitio de las nueve divisiones,
el del lugar de la dualidad.[20]

Y nótese expresamente que esta invocación se formulaba no solamente en ciudades como Texco-co, Huexotzinco y Chalco, donde con mayor fuer-za prevalecía el influjo de los *tlamatinime*, sino aun en la misma México-Tenochtitlan, en la que reinaba el pensamiento militarista de Tlacaélel, con su dios Huitzilopochtli. Para acabar de com-prender la concepción náhuatl acerca de la divini-dad a base de flores y cantos, transcribiremos aquí las primeras palabras que se encuentran en otras varias plegarias o invocaciones como la cita-da anteriormente. Pudiera decirse que se trata de los grandes títulos con que se mencionaba a la divinidad suprema al dirigirse a ella. La presencia de dichos títulos en tan numerosas plegarias hace desvanecer por completo la afirmación algunas veces insinuada de que el dios supremo era para los nahuas una especie de "rey holgazán" que, si-tuado en lo más alto de los cielos, se había olvida-do del mundo, así como los hombres se habían olvidado de él.

[20] *Ibid.*, fol. 148 v.

Las palabras con que es designado y que constituyen algo así como sus atributos fundamentales son las siguientes:

Tlacatle, Tloque Nahuaque, Ipalnemohuani, Yohualli-Ehécatl, Moyocoyatzin, cuya traducción al español, lo más aproximada posible, es: Oh Señor, Dueño del cerca y del junto, Dador de la vida, Noche y Viento, El que se está inventando a sí mismo. El primer título, *Tlacatle,* Oh Señor, es una afirmación bien clara del dominio y del poder del que es Señor y Señora de nuestra carne, el Dios Dual, Ometéotl.

Tloque Nahuaque, Dueño del cerca y del junto, es la afirmación explícita de la omnipresencia de la divinidad suprema. Se trata de un nuevo símbolo, "flor y canto", en el que aparece el Dios Dual como dueño de la cercanía *(tloc)* y del anillo inmenso que circunda al mundo *(náhuac).* En otras palabras, que siendo el dueño del espacio y la distancia, estando junto a todo, todo está también junto a él.

Ipalnemohuani es otro interesante término que, analizado desde el punto de vista de nuestras gramáticas indoeuropeas, es una forma participial de un verbo impersonal: *nemohua* (o *nemoa*), se vive, todos viven. A dicha forma se antepone un prefijo que connota causa: *ipal-* por él, o mediante él. Finalmente, al verbo *nemohua* (se vive) se le añade el sufijo participial *-ni,* con lo que el compuesto resultante *Ipal-nemohua-ni* significa literalmente "Aquel por quien se vive". Se atribuye, pues, con este título al Dios Dual el carácter de vivificador de todo cuanto existe, plantas, animales y hombres.

Yohualli-Ehécatl, Noche y Viento. En estrecha correlación con el ya mencionado título de *Tloque Nahuaque,* que implica una afirmación de la omnipresencia del dios supremo, este título, asimismo metafórico, significa la creencia en su carácter de algo invisible como la noche, e impalpable como el viento. Como si con un bello símbolo, "flor y canto", los sabios nahuas quisieran designar metafóricamente la trascendencia del principio divino.

Finalmente, el último título mencionado, *Moyocoyatzin,* es palabra compuesta del verbo *yocoya:* "inventar, forjar con el pensamiento"; de la terminación reverencial *-tzin* que se acerca a nuestro "Señor mío" y del prefijo reflexivo *mo-* (a sí mismo). Reuniendo estos elementos, la palabra *Moyocoya-tzin* significa "Señor que a sí mismo se piensa o se inventa". Tal título dado al Dios Dual expresa de hecho su origen metafísico: a él nadie lo inventó; existe más allá de todo tiempo y lugar, es Noche y Viento, pero al mismo tiempo es el Dueño del cerca y del junto. En una acción misteriosa que sólo con flores y cantos puede vislumbrarse, esa divinidad suprema se está inventando siempre a sí misma. Su rostro masculino es agente y generador, su rostro femenino es quien concibe y da a luz.

Tal es, según parece, el sentido más hondo del término *Moyocoyatzin,* analizado y entendido en función de lo que los textos nahuas han dicho acerca de Ometéotl, Dios Dual. Éste fue el clímax supremo del pensamiento náhuatl que, según creemos, bastaría para justificar el título de filósofos, dado a quienes tan alto supieron llegar en sus especulaciones acerca de la divinidad.

Habiendo estudiado así brevemente algunas de las ideas principales de estos seguidores de la poesía, "flor y canto", que supieron oponerse al pensamiento militarista de Tlacaélel, parece conveniente recordar el origen último de sus ideas. Tlacaélel se había aprovechado de los textos toltecas, pero interpretándolos a su antojo después de la célebre quema de códices. Se valió de la antigua tradición para crear una mística guerrera capaz de elevar a su pueblo hasta convertirlo en el Señor de la región central y sur de la actual República Mexicana.

El pueblo náhuatl, principalmente el de las ciudades dominadas por los aztecas, seguía lo que pudiera llamarse sincretismo religioso introducido por Tlacaélel. Tenía una cierta idea, más o menos vaga, del supremo Dios Dual. Consideraba asimismo como un dios casi omnipotente a Huitzilopochtli, identificado plenamente con el Sol y adorado, junto con el dios de la lluvia, Tláloc, en el templo mayor de México-Tenochtitlan. Para el pueblo, los numerosos títulos que desde tiempos antiguos habían dado los sabios y sacerdotes al Dios Dual, en función de sus distintos atributos, se convertían de hecho en otras tantas divinidades, difíciles de clasificar y en cierto modo innumerables. Existían así numerosas parejas de dioses, entre las que pueden mencionarse a Tláloc y Chalchiuhtlicue, dios y diosa de las aguas; Mictlantecuhtli y Mictlancíhuatl, Señor y Señora de la región de los muertos; Tezcatlipoca y Tezcatlanextía, Espejo que por la noche ahúma y durante el día ilumina a las cosas; Quetzalcóatl y Quilaztli; Coatlicue, la madre de Huitzilopochtli; Xipe Tótec, Nuestro señor el desollado; Xochipilli, divinidad en cierto modo andrógina, Señor y Señora de las flores y las fiestas, etc. Tales son únicamente los títulos de algunos de los principales dioses del panteón náhuatl popular. Formular una lista completa de ellos, describiendo sus diversos atributos, exigiría un libro aparte.

Los *tlamatinime*, por su parte, preocupados por los eternos enigmas que se plantean al hombre de todos los tiempos, en lo más hondo de su corazón buscaron un camino diferente. Quizá algunas veces tuvieron que transigir exteriormente con el culto sangriento de Huitzilopochtli, pero, como nos consta expresamente respecto de figuras tan bien conocidas como Nezahualcóyotl, de Texcoco, y Tecayehuatzin, de Huexotzinco, su pensamiento se hallaba muy lejos del culto exigido por el militarismo azteca. Refugiándose en el estudio de las antiguas doctrinas toltecas y desarrollando por sí mismos nuevas y originales concepciones como la de la "flor y el canto", llegaron a crear un cierto renacimiento de la grandeza tolteca.

En el capítulo siguiente, al tratar de lo que llamaremos "legado del México Antiguo", se presentarán algunos textos que muestran algunas de las

FIGURA 14. *Centros de educación* (Códice Mendocino)

cimas alcanzadas por los *tlamatinime* en sus concepciones acerca del hombre, la educación, el arte
y su visión estética del universo. Sus ideas acerca
de esto parecen constituir el aspecto menos estudiado de su herencia cultural, pero quizá sean lo
más interesante y valioso de la misma. Por una
ironía de la historia, es posiblemente en esas
ideas donde mayor resonancia y simpatía podrá
encontrar el hombre contemporáneo respecto del
mundo prehispánico. A través del arte y los textos
indígenas podrá tal vez atisbarse el mensaje de la
antigua cultura.

V. LEGADO ESPIRITUAL
DEL MÉXICO ANTIGUO

ENTRE los más obvios regalos del México Antiguo a la civilización occidental cuentan sin duda sus plantas alimenticias y medicinales, así como algunos pocos animales domésticos. Existen catálogos o inventarios de estos dones. Algunos, como la *Historia de las plantas de Nueva España,* del célebre protomédico de Felipe II, doctor Francisco Hernández, datan del mismo siglo de la conquista española.

Testimonio elocuente de la difusión universal de esta herencia lo ofrece también la presencia, en casi todas las lenguas del mundo, de varios términos de origen náhuatl, como *chocolate, cacao, tomate, aguacate* (en inglés, *avocado*), *chicle,* etc. Las especies mexicanas del maíz, el algodón y el frijol, el tabaco, el hule, el guajolote o pavo, son también preciado obsequio del antiguo mundo indígena.

Pero, valiosas como son estas aportaciones del México Antiguo a la cultura universal, parece aún más interesante su herencia espiritual, hasta ahora tan poco conocida. Nos referimos principalmente a esas "ventanas conceptuales", abiertas por los sabios nahuas para contemplar a su manera —nueva para el mundo occidental— los

231

misterios del hombre, del universo y de Dios. Gracias a sus libros de pinturas y, sobre todo, a los numerosos textos en idioma indígena, lo que antes pareciera tan sólo osamenta de una cultura —pirámides, restos de palacios, esculturas y cerámica— puede recobrar "su rostro y corazón", para dejar oír una vez más el antiguo mensaje.

Los textos prehispánicos son llave maestra que ayudará a "abrir un poco el arca, el secreto" de la *huehuetlamatiliztli*, "sabiduría antigua del mundo náhuatl". Existen en ella no pocos temas y preocupaciones de los *tlamatinime* o sabios, que podrán hallar resonancia en el pensamiento y en la vida del hombre universal y contemporáneo.

ROSTRO Y CORAZÓN:
CONCEPTO NÁHUATL DEL HOMBRE

El concepto de *persona* en el mundo occidental —con todas sus connotaciones jurídicas, psicológicas y sociales— es consecuencia de una lenta elaboración. En el mundo griego, en función de una metáfora, se apuntó ya al rostro de los individuos, a su *prósopon*, para connotar los rasgos propios y exclusivos de la fisonomía moral de cada ser humano. Entre los romanos, la palabra *persona* (del latín *per-sonare*, "resonar, o hablar a través de") se aplicó en un principio a la máscara a través de la cual hablaban los comediantes en el teatro. Caracterizando cada máscara a un personaje distinto, la palabra pasó pronto a significar

232

el personaje mismo. Por ésto, los juristas romanos la adoptaron para designar con ella un sujeto dotado de representación propia, un personaje en el mundo del derecho. De aquí, finalmente, la palabra *persona* parece haber pasado al habla popular, connotando la fisonomía moral y psicológica propia de todo individuo humano.

En el mundo náhuatl prehispánico, como lo prueban antiguos textos, se llegó a la elaboración de un concepto afín, aunque de características propias y exclusivas. Especialmente en las pláticas o discursos, pronunciados de acuerdo con las reglas del *tecpillatolli*, o sea, "lenguaje noble y cultivado", se encuentra una expresión que aparece casi siempre dirigida por quien habla a su interlocutor. Hay así frases como éstas: "Hablaré a vuestro rostro, a vuestro corazón; no se disguste vuestro rostro, vuestro corazón; vuestro rostro y vuestro corazón lo sabían..." Además, como ya se ha visto al tratar de la imagen ideal del sabio náhuatl, se afirma de él, como atributo suyo, "hacer sabios los rostros y firmes los corazones". Finalmente, al presentar algunos textos la descripción del supremo ideal del hombre y la mujer nahuas, se dice de ellos que deben ser "dueños de un rostro, dueños de un corazón". Y en el caso de la mujer se añade todavía otro rasgo expresivo. Se dice que "en su corazón y en su rostro debe brillar la femineidad", expresando esto en náhuatl con el término abstracto y colectivo a la vez de *cihuáyotl*. He aquí sólo dos textos que muestran lo dicho:

El hombre maduro:
corazón firme como la piedra,
corazón resistente como el tronco de un árbol;
rostro sabio,
dueño de un rostro y un corazón,
hábil y comprensivo.[1]

La mujer ya lograda,
en la que se ponen los ojos...
la femineidad está en su rostro...[2]

In ixtli, in yóllotl, rostro y corazón, simbolizan
así en el pensamiento náhuatl lo que puede llamarse fisonomía moral y principio dinámico de
un ser humano. Y debe subrayarse que, al incluir
al corazón en el "concepto náhuatl de *persona*", se
afirma que, si es importante la fisonomía moral
expresada por el rostro, lo es con igual o mayor
razón el corazón, centro del que parece provenir
toda la acción del hombre. Se complementaba
así entre los nahuas, mejor que entre los mismos
griegos, la idea del rostro con la del dinamismo
interior del propio *yo.* Porque conviene recordar
que *yóllotl,* corazón, etimológicamente se deriva de la misma raíz que *oll-in,* "movimiento",
para significar, en su forma abstracta de *yóll-otl,*
la idea de "movilidad", "la movilidad de cada
quien".

[1] Informantes de Sahagún, *Códice Matritense de la Real
Academia,* fol. 109 v.
[2] *Ibid.,* fol. 112 r.

Consecuencia de describir al hombre como "dueño de un rostro, dueño de un corazón", fue la preocupación de los *tlamatinime* por comunicar sabiduría a los rostros y firmeza a los corazones. Esto precisamente constituye el ideal supremo de su educación, la *ixtlamachiliztli*, "acción de dar sabiduría a los rostros" y de otras prácticas como la *yolmelahualiztli*, "acción de enderezar los corazones". Grande era el empeño, no sólo de los supremos dirigentes del mundo náhuatl, sino de los mismos padres y madres de familias, por inculcar a sus hijos desde temprana edad los principios que hicieran esto posible. Conocemos por las fuentes indígenas algo que hoy nos parece asombroso: la existencia de un sistema de educación universal y obligatorio. El *Códice Florentino* indica, por ejemplo, que entre los ritos que se practicaban al nacer un niño náhuatl estaba precisamente el de su dedicación o consagración a una escuela determinada. Consecuencia de esta educación obligatoria entre los niños nahuas prehispánicos era la inserción de todo ser humano en la propia cultura, con una preparación específica para realizar dentro de ella la misión de cada uno.

Es cierto que el ideal de los rostros sabios y corazones firmes que se pretendía inculcar por medio de la educación en el mundo náhuatl, no siempre fue el mismo. No debe olvidarse que existían grandes diferencias entre quienes participaban de la visión místico-guerrera del mundo, propia de los aztecas, y quienes pretendían un renacimiento de los antiguos ideales toltecas simbolizados por la figura de Quetzalcóatl. Sin embargo, el antiguo sistema de educación náhuatl jamás llegó a perder sus más hondas raíces que lo entroncaban con el mundo de los creadores de arte por excelencia, los toltecas.

No es éste el lugar para presentar pormenorizadamente los diversos textos indígenas que acerca de la educación se conservan. Por esto, vamos a dar tan sólo la versión de algunas exhortaciones repetidas en el hogar, en las cuales de manera bien clara quedan asentados los ideales que todo "rostro y corazón" debía seguir. El texto que se ofrece forma parte de las pláticas que ya desde el hogar se dirigían a la niña náhuatl. Esto pondrá de manifiesto la importancia que se concedía a la educación, no ya sólo del hombre, sino también de la que habría de ser su compañera en la vida.

Llegada la niña a los seis o siete años de edad, un día determinado la llamaba su padre y, en presencia de la madre, daba principio a su alocución. Probablemente tenía ésta lugar frente a las imágenes de los dioses tutelares. Allí, el padre náhuatl revelaba a su hijita, con palabras sencillas, la antigua doctrina de sus mayores —el legado que debían recibir "rostros y corazones"— acerca del sentido de la existencia humana y del modo como debía vivir una mujercita náhuatl. Traducimos las palabras del padre náhuatl a su hijita:

Aquí estás, mi hijita, mi collar de piedras finas, mi plumaje de quetzal, mi hechura humana, la

236

nacida de mí. Tú eres mi sangre, mi color, en ti está mi imagen.

Ahora recibe, escucha: vives, has nacido, te ha enviado a la tierra el Señor Nuestro, el Dueño del cerca y del junto, el hacedor de la gente, el inventor de los hombres.

Ahora que ya miras por ti misma, date cuenta. Aquí es de este modo: no hay alegría, no hay felicidad. Hay angustia, preocupación, cansancio. Por aquí surge, crece el sufrimiento, la preocupación.

Aquí en la tierra es lugar de mucho llanto, lugar donde se rinde el aliento, donde es bien conocida la amargura y el abatimiento. Un viento como de obsidianas sopla y se desliza sobre nosotros.

Dicen que en verdad nos molesta el ardor del sol y del viento. Es éste lugar donde casi perece uno de sed y de hambre. Así es aquí en la tierra.

Oye bien, hijita mía, niñita mía: no es lugar de bienestar en la tierra, no hay alegría, no hay felicidad. Se dice que la tierra es lugar de alegría penosa, de alegría que punza.

Así andan diciendo los viejos: para que no siempre andemos gimiendo, para que no estemos llenos de tristeza, el Señor Nuestro nos dio a los hombres la risa, el sueño, los alimentos, nuestra fuerza y nuestra robustez y finalmente el acto sexual, por el cual se hace siembra de gentes.

Todo esto embriaga la vida en la tierra, de modo que no se ande siempre gimiendo. Pero, aun cuando así fuera, si saliera verdad que sólo se sufre, si así son las cosas en la tierra, ¿acaso por esto se ha de estar siempre con miedo? ¿Hay que estar siempre temiendo? ¿Habrá que vivir llorando?

Porque se vive en la tierra, hay en ella señores, hay mando, hay nobleza, águilas y tigres. ¿Y quién anda diciendo siempre que así es en la tierra? ¿Quién anda tratando de darse la muerte? Hay afán, hay vida, hay lucha, hay trabajo. Se busca mujer, se busca marido.[3]

Tal es, de acuerdo con la antigua sabiduría, la condición del hombre en la tierra. Es éste un lugar de alegría penosa; pocas son las cosas que dan placer, sin embargo, no por esto hemos de vivir quejándonos. Es necesario seguir viviendo para cumplir así la misión que nos ha impuesto el Dueño del cerca y del junto. Para que la niñita pueda cumplir con su propio destino, continúa el padre náhuatl señalándole ahora cómo ha de obrar:

Pero, ahora, mi muchachita, escucha bien, mira con calma: he aquí a tu madre, tu señora, de su vientre, de su seno te desprendiste, brotaste.

Como si fueras una yerbita, una plantita, así brotaste. Como sale la hoja, así creciste, floreciste. Como si hubieras estado dormida y hubieras despertado.

Mira, escucha, advierte, así es en la tierra: no seas vana, no andes como quiera, no andes sin

[3] *Códice Florentino* (textos de los informantes de Sahagún), lib. VI, cap. xvii, fols. 74 v. y ss.

rumbo. ¿Cómo vivirás? ¿Cómo seguirás aquí por poco tiempo? Dicen que es muy difícil vivir en la tierra, lugar de espantosos conflictos, mi muchachita, palomita, pequeñita...

He aquí tu oficio, lo que tendrás que hacer: durante la noche y durante el día, conságrate a las cosas de Dios; muchas veces piensa en él, que es como la Noche y el Viento. Hazle súplicas, invócalo, llámalo, ruégale mucho cuando estés en el lugar donde duermes. Así se te hará gustoso el sueño...[4]

Señala luego el padre náhuatl a su hija cuáles han de ser sus varias actividades al nacer el día siguiente, a la aurora. Cómo habrá de levantarse deprisa, cómo deberá tomar la escoba y ponerse a barrer, para hacer luego las ofrendas y la incensación de copal. Expresamente le dice que es oficio suyo preparar la bebida, preparar la comida. Debe abrazar también lo que es oficio de la mujer, el huso, la cuchilla del telar. Ha de abrir bien los ojos para aprender las varias artes toltecas: el arte de las plumas, los bordados de colores, el arte de urdir las telas y de hacer su trama. Finalmente, de los otros consejos que da el padre a su hija, entresacamos aquellos que se refieren directamente a la moralidad sexual de la niña. Con claridad y cuidado continúa así su plática el padre náhuatl:

[4] *Loc. cit.*

Ahora es buen tiempo, todavía es buen tiempo, porque todavía hay en tu corazón un jade, una turquesa. Todavía está fresco, no se ha deteriorado, no ha sido aún torcido, todavía está entero, aún no se ha logrado, no se ha torcido nada. Todavía estamos aquí nosotros (nosotros tus padres) que te metimos aquí a sufrir, porque con esto se conserva el mundo. Acaso así se dice: así lo dejó dicho, así lo dispuso el señor nuestro que debe haber siempre, que debe haber generación en la tierra...

He aquí otra cosa que quiero inculcarte, que quiero comunicarte, mi hechura humana, mi hijita: sabe bien, no hagas quedar burlados a nuestros señores por quienes naciste. No les eches polvo y basura, no rocíes inmundicias sobre su historia: su tinta negra y roja, su fama.

No los afrentes con algo, no como quiera desees las cosas de la tierra, no como quiera pretendas gustarlas, aquello que se llama las cosas sexuales y, si no te apartas de ellas, ¿acaso serás divina? Mejor fuera que perecieras pronto...

No como si fuera en un mercado busques al que será tu compañero, no lo llames, no como en primavera lo estés ve y ve, no andes con apetito de él. Pero si tal vez tú desdeñas al que puede ser tu compañero, el escogido del señor nuestro. Si lo desechas, no vaya a ser que de ti se burle, en verdad se burle de ti y te conviertas en mujer pública.

Que tampoco te conozcan dos o tres rostros que tú hayas visto. Quienquiera que sea tu compañero, vosotros, juntos tendréis que acabar la vida. No lo dejes, agárrate de él, cuélgate de él, aunque sea un pobre hombre, aunque sea sólo un aguilita, un tigrito, un infeliz soldado, un pobre noble, tal vez cansado, falto de bienes, no por eso lo desprecies.

Que a vosotros os vea, os fortalezca el señor nuestro, el conocedor de los hombres, el inventor de la gente, el hacedor de los seres humanos.

Todo esto te lo entrego con mis labios y mis palabras. Así, delante del señor nuestro cumplo con mi deber. Y si tal vez por cualquier parte arrojaras esto, tú ya lo sabes. He cumplido mi oficio, muchachita mía, niñita mía. Que seas feliz, que nuestro señor te haga dichosa.[5]

Así concluye la amonestación que da el padre a su hija. Terminada ésta, toca entonces hablar a la madre. Del largo discurso que solía pronunciar, entresacamos únicamente los puntos principales. Las palabras pronunciadas por la madre hablan ya muy alto del nivel intelectual y moral en que se movía la mujer náhuatl que era capaz de pronunciar esas palabras para amonestar a su hija. He aquí lo que llamaríamos el prólogo de su plática:

Tortolita, hijita, niñita, mi muchachita. Has recibido, has tomado el aliento, el discurso de tu padre, el señor, tu señor.

[5] *Loc. cit.*

Has recibido algo que no es común, que no se suele dar a la gente; en el corazón de tu padre estaba atesorado, bien guardado.

En verdad que no te lo dio prestado, porque tú eres su sangre, tú eres su color, en ti se da él a conocer. Aunque eres una mujercita, eres su imagen.

Pero ¿qué más te puedo decir?, ¿qué te diré todavía?, ¿qué felicidad fuera, si yo te pudiera dar algo?, ya que su palabra fue abundante acerca de todo, pues a todas partes te ha llevado, te ha acercado, nada en verdad dejó de decirte.

Pero sólo te diré algo, así cumpliré mi oficio. No arrojes por parte alguna el aliento y la palabra de tu señor padre.

Porque son cosas preciosas, excelentes, porque sólo cosas preciosas salen del aliento y la palabra de nuestro señor, pues en verdad el suyo es lenguaje de gente principal.

Sus palabras valen lo que las piedras preciosas, lo que las turquesas finas, redondas y acanaladas. Consérvalas, haz de ellas un tesoro en tu corazón, haz de ellas una pintura en tu corazón. Si vivieras, con esto educarás a tus hijos, los harás hombres; les entregarás y les dirás todo esto.[6]

Vienen luego los consejos específicos. La madre enseña a su hija cómo ha de hablar, describe luego el modo de caminar propio de una doncella, su modo de mirar, de ataviarse, de pintarse, etc.

[6] *Códice Florentino*, lib. VI, cap. XVIII, fols. 80 v. y ss.

Cita, como lo hizo ya el padre, la doctrina de los tiempos antiguos:

Mira, así seguirás el camino de quienes te educaron, de las señoras, de las mujeres nobles, de las ancianas de cabello blanco que nos precedieron. ¿Acaso nos lo dejaron dicho todo? Tan sólo nos daban unas cuantas palabras, poco era lo que decían. Esto era todo su discurso:

Escucha, es el tiempo de aprender aquí en la tierra, ésta es la palabra: atiende y de aquí tomarás lo que será tu vida, lo que será tu hechura.

Por un lugar difícil caminamos, andamos aquí en la tierra. Por una parte un abismo, por la otra un barranco. Si no vas por en medio, caerás de un lado o del otro. Sólo en el medio se vive, sólo en el medio se anda.

Hijita mía, tortolita, niñita, pon y guarda este discurso en el interior de tu corazón. No se te olvide; que sea tu tea, tu luz, todo el tiempo que vivas aquí sobre la tierra.[7]

Al final del discurso se refiere una vez más al tema sexual. No es que los indios tuvieran miedo al sexo. Ya vimos las palabras del padre que, al referir cuáles son las cosas que dan un poco de alegría en la tierra, señaló expresamente al "acto sexual por el cual se hace siembra de gentes". La verdadera razón por la cual insisten acerca de este punto es porque le atribuyen una gran im-

[7] *Loc. cit.*

243

portancia, piensan que usando del sexo a su debido tiempo, se encontrará en él verdadera alegría. Las mismas leyes penales vigentes en el mundo náhuatl, que condenaban el adulterio y otros varios delitos sexuales, confirman ya expresamente cuál era el verdadero sentido de estas amonestaciones acerca de la moral sexual:

Sólo me queda otra cosa, con la que daré fin a mis palabras. Si vives algún tiempo, si por algún tiempo sigues la vida de este mundo, no entregues en vano tu cuerpo, mi hijita, mi niña, mi tortolita, mi muchachita. No te entregues a cualquiera, porque si nada más así dejas de ser virgen, si te haces mujer, te pierdes, porque ya nunca irás bajo el amparo de alguien que de verdad te quiera.

Siempre te acordarás, siempre se te convertirá en tu miseria, en tu angustia. Ya no podrás vivir en calma, ni en paz. Tu marido siempre tendrá sospechas de ti.

Mi hijita, tortolita, si vives aquí en la tierra, que no te conozcan dos hombres. Y esto guárdalo muy bien, consérvalo todo el tiempo que vivieres.

Pero si ya estás bajo el poder de alguien, no hables en tu interior, no inventes en tu interior, no dejes que tu corazón quiera irse en vano por otro lado. No te atrevas con tu marido. No pases en vano por encima de él, o como se dice, no le seas adúltera.

Porque, mi hijita, mi muchachita, si esto se consuma, si esto se realiza, ya no hay remedio, ya no hay regreso. Si eres vista, si se sabe esto, irás a dar por los caminos, serás arrastrada por ellos, te quebrarán la cabeza con piedras, te la harán papilla. Se dice que probarás la piedra, que serás arrastrada.

Se tendrá espanto de ti. A nuestros antepasados, a los señores a quienes debes el haber nacido, les crearás mala fama, mal renombre. Esparcirás polvo y estiércol sobre los libros de pinturas en los que se guarda su historia. Los harás objeto de mofa. Allí acabó para siempre el libro de pinturas en el que se iba a conservar tu recuerdo.

Ya no serás ejemplo. De ti se dirá, de ti se hará hablilla, serás llamada: "la hundida en el polvo". Y aunque no te vea nadie, aunque no te vea tu marido, mira, te ve el Dueño del cerca y del junto *(Tloque Nahuaque)*...[8]

La conclusión de este discurso es una última exhortación, expresando el deseo de que el Dueño del cerca y del junto conceda calma y paz a la muchachita, la niñita pequeñita, para que por su medio los viejos, sus antepasados, alcancen gloria y renombre:

Así pues, mi niña, mi muchachita, niñita, pequeñita, vive en calma y en paz sobre la tierra, el tiempo que aquí habrás de vivir. No infames, no seas baldón de los señores, gracias a quienes has veni-

[8] *Loc. cit.*

245

do a esta vida. Y en cuanto a nosotros, que por tu medio tengamos renombre, que seamos glorificados. Y tú llega a ser feliz, mi niña, mi muchachita, pequeñita. Acércate al Señor nuestro, al Dueño del cerca y del junto.[9]

Los discursos transcritos son sólo una muestra del modo como se ligaban estrechamente los ideales éticos y educativos del mundo náhuatl con el concepto de "rostro y corazón". Como estos discursos, existen en el *Códice Florentino* y en las colecciones de *huehuetlatolli* o pláticas de los viejos otras muchas exhortaciones dirigidas a sembrar en el corazón de los niños y la juventud la semilla de los grandes ideales. Fray Bernardino de Sahagún supo apreciar, tal vez mejor que nadie, el profundo valor humano de estos discursos. Pensando en ellos, escribió que aprovecharían mucho más que algunos de los largos sermones que dirigían los misioneros a los indios.

Breve como ha sido lo expuesto acerca de la idea náhuatl del hombre, puede vislumbrarse ya lo valioso del legado espiritual del México Antiguo en este punto. Dejando la puerta abierta a quienes deseen adentrarse más en su estudio, optamos por pasar a ocuparnos de otro aspecto en el que "los rostros sabios y los corazones firmes" se ponen en contacto con sus semejantes, para hacerles llegar otras formas de mensaje, a través de lo que hoy llamamos su *arte*.

[9] *Loc. cit.*

Los mismos conquistadores —como ya se ha dicho— se admiraron y aun creyeron estar soñando frente al mundo casi mágico que les salía al paso con sus incontables pirámides y monumentos, sus esculturas y pinturas, sus ricos trabajos en oro, plumas y jade.

Algunos de estos objetos, como los discos del Sol y la Luna y otras figuras en oro y plata que recibió de Motecuhzoma Hernán Cortés, y envió luego al emperador Carlos V, fueron contemplados también en Europa con pasmo y admiración. El célebre Durero (Albrecht Dürer) refiere, por ejemplo, en su diario de viaje, que, estando en Bruselas en 1520, pudo ver aquellos objetos "extraños y maravillosos" que habían traído al emperador "desde la nueva tierra del oro". Su reacción al hallarse frente a esas creaciones del México Antiguo, casi un año antes de que sucumbiera México-Tenochtitlan, es elocuente:

> Y también vi allí [en Bruselas] las cosas que trajeron al rey desde la nueva tierra del oro [desde México]: un Sol todo de oro de una braza de ancho, igualmente una Luna toda de plata, también así de grande, asimismo dos como gabinetes con adornos semejantes, al igual que toda clase de armas que allá se usan, arneses, cerbatanas, armas maravillosas, vestidos extraños, cubiertas de cama y toda clase de cosas maravillosas

247

hechas para el uso de la gente. Y eran tan hermosas que sería maravilla ver algo mejor. Estas cosas han sido estimadas en mucho, ya que se calcula su valor en 100 000 florines. Y nada he visto a todo lo largo de mi vida que haya alegrado tanto mi corazón como estas cosas. En ellas he encontrado objetos maravillosamente artísticos y me he admirado de los sutiles ingenios de los hombres de esas tierras extrañas.[10]

Espontáneamente llamó Durero obras de arte extraordinario, algo nunca visto, a todos esos presentes. Semejante a la suya iba a ser también la reacción del humanista Pedro Mártir de Anglería, quien pocos años después tuvo ocasión de ver los mismos objetos. Acerca de ellos escribió:

Trajeron —nos dice en su *IV década del Nuevo Mundo*— dos muelas como de mano, una de oro y otra de plata, macizas, de casi igual circunferencia, veintiocho palmos… El centro lo ocupa, cual rey sentado en su trono, una imagen de un codo, vestida hasta la rodilla, semejante a un zeme, con la cara con que entre nosotros se pintan los espectros nocturnos, en campo de ramas, flores y follaje. La misma cara tiene la de plata, y casi el mismo peso, y el metal de las dos es puro…

[10] Albrecht Dürer, "Tagebuch der Reise in die Niederlande, Anno 1520", en *Albrecht Dürer in seinen Briefen und Tagebüchern*, compilado por Ulrich Peters, Fráncfort del Meno, Verlag von Moritz Diesterweg, 1925, pp. 24-25.

FIGURA 15. *Artistas nahuas*

De sus casquetes, ceñidores y abanicos de plumas, no sé qué decir. Entre todas las alabanzas que en estas artes ha merecido el ingenio humano, merecerán éstos llevarse la palma. No admiro ciertamente el oro y las piedras preciosas; lo que me pasma es la industria y el arte con que la obra aventaja a la materia; he visto mil figuras y mil caras que no puedo describir; me parece que no he visto jamás cosa alguna, que por su hermosura, pueda atraer tanto las miradas de los hombres.[11]

[11] Pietro Martire d'Anghiera, *De Orbe Novo, Petri Martyris ab Angleria Mediolanensis Protonotarii Cesaris Senatoris Decades,* Cum privilegio Imperiali, Compluti, apud Michaelem d'Eguia, Anno MDXXX, fol. LXI v.

Aplicando en cierto modo espontáneamente categorías estéticas de tipo occidental a esas producciones del mundo náhuatl, muchas aparecen a sus ojos como objetos bellos, artísticos. Otras en cambio le resultan incomprensibles y no encuentra palabras para describirlas y calificarlas. La reacción de Pedro Mártir, y hasta cierto punto también la de Durero, parecen tipificar la actitud que durante muchos años prevaleció en los medios cultos, acerca de lo que llamamos arte prehispánico. Los objetos que guardaban alguna analogía con creaciones artísticas de tipo occidental recibían el calificativo de bellas y genuinas obras de arte. En cambio, otro gran número de piezas como, por ejemplo, la colosal cabeza de Coyolxauhqui, las representaciones de Xólotl o la gran escultura de Coatlicue, parecían incomprensibles y aun monstruosas.

Y sin embargo, todas esas esculturas y objetos tan diversos eran creación de una misma cultura. Dentro de ella obviamente tenían un sentido. Para lograr descubrirlo, para poder leer su mensaje, sería necesario despojarse de la mentalidad y el antiguo criterio artístico occidental, hasta descubrir los módulos propios de ese género de creaciones indígenas. Por fortuna, quienes han intentado con profundo sentido humano captar el mensaje de esas creaciones antiguas han sido conscientes de la existencia de textos en idioma náhuatl, en los que precisamente se ofrece una reflexión indígena acerca del origen y contenido simbólico de ellas. Ejemplo extraordinario de esta forma de acercamiento al arte náhuatl lo ofrece Justino Fernández en sus excelentes estudios acerca de la colosal Coatlicue y la escultura del dios de las flores, Xochipilli.[12]

"Leyendo" el simbolismo incorporado a la piedra en esas esculturas, con apoyo en los textos indígenas, Justino Fernández se acercó a su antiguo mensaje y sentido. Descubrió así en esos "enjambres de símbolos" la cosmovisión místico-guerrera de Tlacaélel en la estructura humana y dramática de Coatlicue, y en la figura graciosa de Xochipilli, el Sol naciente, sentado en la tierra como un príncipe de la bondad, vio no pocos rasgos de esa otra forma de pensamiento náhuatl que hemos llamado de "flor y canto".

Conviene recordar que el arte náhuatl parece haber recibido su inspiración original en los tiempos toltecas. La palabra misma *toltécatl* venía a significar lo mismo que artista. De ella se derivan a su vez numerosos vocablos, como *ten-toltécatl,* orador o "artista del labio"; *tlil-toltécatl,* pintor o "artista de la tinta negra"; *ma-toltécatl,* bordador o "artista de la mano", etc. Y puede añadirse todavía que, siempre que hablaban los nahuas de sus ideales en el arte y de sus más grandes artistas, nunca dejaban de referirse a ellos expresamente con el epíteto de *toltecas*.

[12] Véase *Coatlicue, estética del arte indígena,* por Justino Fernández, prólogo de Samuel Ramos, México, Centro de Estudios Filosóficos, 1954; además, "Una aproximación a Xochipilli", por Justino Fernández, *Estudios de Cultura Náhuatl,* vol. I, México, UNAM, 1959, pp. 31-41.

El origen de la *toltecáyotl* o conjunto de las creaciones toltecas lo atribuían los nahuas a Quetzalcóatl. Él había construido sus palacios maravillosos orientados hacia los cuatro rumbos del universo en la metrópoli tolteca. Allí había descubierto para beneficio de su pueblo los metales y las piedras preciosas, el cultivo del algodón y de otras muchas plantas de valor inapreciable. Él les había enseñado sus variadas artes: desde la técnica de cultivar con el mayor rendimiento la tierra y de encontrar los metales preciosos, hasta las formas de trabajarlos, de hacer tapices y penachos con plumajes de colores, el arte del canto, de la pintura, la escultura y la arquitectura.

Celosamente conservaban los nahuas el recuerdo de la grandeza de Quetzalcóatl. Como un ejemplo de los ideales artísticos que a él atribuían, citaremos un texto que habla del maravilloso templo con columnas de serpientes que edificó y de sus diversos descubrimientos de piedras preciosas, oro y plata, caracoles y finas plumas de quetzal:

> Nuestro príncipe, 1-Caña Quetzalcóatl:
> cuatro eran sus casas,
> en las que él residía,
> su casa de travesaños color de turquesa,
> su casa de coral,
> su casa de caracoles,
> su casa de plumas de quetzal.
> Allí hacía súplicas,
> hacía penitencias y ayunos.

Y bien entrada la medianoche,
bajaba al agua,
allí a donde se dice palacio del agua,
el lugar color de estaño.
Y allí colocaba sus espinas,
encima del monte Xicócotl
y en Huitzco y en Tzíncoc
y en el monte de los nonohualcas.
Y hacía sus espinas
con piedras preciosas,
y sus ofrendas de ramas de abeto
con plumajes de quetzal.
Y cuando ofrecía fuego,
ofrecía turquesas genuinas, jades y corales.
Y su ofrenda consistía en serpientes, pájaros,
mariposas, que él sacrificaba...

Y en su tiempo, descubrió Quetzalcóatl las grandes
    riquezas,
las piedras preciosas, las turquesas genuinas
y el oro y la plata,
el coral y los caracoles,
las plumas de quetzal y del pájaro color turquesa,
los plumajes amarillos del pájaro zacuán,
las plumas color de llama.
Y también él descubrió
las varias clases de cacao,
las varias clases de algodón.
Era un muy grande artista
en todas sus obras:
los utensilios en que comía y bebía,
pintados de azul, verde,

253

blanco, amarillo y rojo
[y era también artífice]
en otras muchas cosas más.

Y al tiempo en que vivía Quetzalcóatl,
comenzó, dio principio a su templo,
le puso columnas en forma de serpientes,
pero no lo terminó, no lo concluyó.
Y durante su vida,
no se mostraba a la gente;
en el interior de un aposento,
al que no se podía entrar, allí estaba.
Y era él protegido por sus servidores,
quienes lo guardaban,
lo protegían por todas partes.
Y en todos los muros
que circundaban su palacio,
en todos ellos estaban de guardia sus servidores.
Y había allí esteras de piedras preciosas,
esteras de oro y de plumas de quetzal...[13]

Con reiterada insistencia hablan las fuentes indígenas del gran ingenio artístico de los toltecas. De ellos se llega a afirmar que "todo lo que hacían era maravilloso, precioso, digno de aprecio". Tratando de temas en apariencia diversos, como su afición por el canto y su manera de vestir, en ambos casos la descripción náhuatl es un cumplido elogio:

[13] *Anales de Cuauhtitlán*, fols. 4-5.

Se servían de tambores y sonajas,
eran cantores,
componían cantos,
los inventaban,
los retenían en su memoria,
divinizaban con su corazón
los cantos maravillosos que componían...

Su vestido era el apropiado
con flecos de color turquesa.
Sus sandalias
pintadas de color azul,
de azul verdoso.
También azules las cintas
de sus sandalias...[14]

Así, la edad dorada de los toltecas fue para los nahuas posteriores la raíz e inspiración de sus creaciones artísticas. La descripción de lo que significaba para ellos la palabra *toltécatl*, identificada con lo que hoy llamaríamos "artista", parece ser la mejor comprobación de lo dicho:

Tolteca: artista, discípulo, abundante, múltiple, inquieto.
El verdadero artista: capaz, se adiestra, es hábil; dialoga con su corazón, encuentra las cosas con su mente.

[14] Informantes de Sahagún, *Códice Matritense de la Real Academia*, fol. 175 v.

El verdadero artista todo lo saca de su corazón;
obra con deleite, hace las cosas con calma, con tiento,
obra como un tolteca, compone cosas, obra
hábilmente, crea;
arregla las cosas, las hace atildadas, hace que se
ajusten.

El torpe artista: obra al azar, se burla de la gente,
opaca las cosas, pasa por encima del rostro de las
cosas,
obra sin cuidado, defrauda a las personas, es un
ladrón.[15]

Los rasgos que se atribuyen, por una parte, al
genuino *tolteca* o artista y los que, por otra, se asig-
nan al que, por carecer de las cualidades necesa-
rias, se designa como torpe artista, dejan entrever
algo de los ideales más elevados del arte náhuatl.
La versión de otros varios textos que describen la
personalidad y forma de actuar de otros artistas
del mundo náhuatl posterior, como los pintores,
los *amantecas* o artistas de las plumas, los alfareros, los orfebres y plateros, los gematistas, los
poetas y los cantores, hará posible un mayor acercamiento a la concepción específica náhuatl de lo
que llamamos su arte. Como podrá verse, en casi
todos los casos contraponen los textos la figura del
genuino artista y la del que no lo es:

[15] *Ibid.*, fols. 115 v.-116 r.

Tlahcuilo: el pintor

El pintor: la tinta negra y roja,
artista, creador de cosas con el agua negra.
Diseña las cosas con el carbón, las dibuja,
prepara el color negro, lo muele, lo aplica.

El buen pintor: entendido, Dios en su corazón,
diviniza con su corazón a las cosas,
dialoga con su propio corazón.

Conoce los colores, los aplica, sombrea:
dibuja los pies, las caras,
traza las sombras, logra un perfecto acabado.

Todos los colores aplica a las cosas,
como si fuera un tolteca,
pinta los colores de todas las flores.

El mal pintor: corazón amortajado,
indignación de la gente, provoca fastidio,
engañador, siempre anda engañando.

No muestra el rostro de las cosas,
da muerte a sus colores,
mete a las cosas en la noche.

Pinta las cosas en vano,
sus creaciones son torpes, las hace al azar,
desfigura el rostro de las cosas.[16]

[16] *Ibid.*, fol. 117 v.

El artista de las plumas finas

Amantécatl: el artista de las plumas.
Íntegro: dueño de un rostro, dueño de
   un corazón.

El buen artista de las plumas:
hábil, dueño de sí,
de él es humanizar el querer de la gente.
Hace trabajos de plumas,
las escoge, las ordena,
las pinta de diversos colores,
las junta unas con otras.

El torpe artista de las plumas:
no se fija en el rostro de las cosas,
devorador, tiene en poco a los otros.
Como un guajolote de corazón amortajado,
en su interior adormecido,
burdo, mortecino,
nada hace bien.
No trabaja bien las cosas,
echa a perder en vano cuanto toca.[17]

Zuquichiuhqui: el alfarero

El que da un ser al barro:
de mirada aguda, moldea,
amasa el barro.

---

[17] *Ibid.*, fol. 116 r.

El buen alfarero:
pone esmero en las cosas,
enseña al barro a mentir,
dialoga con su propio corazón,
hace vivir a las cosas, las crea,
todo lo conoce como si fuera un tolteca,
hace hábiles sus manos.

El mal alfarero:
torpe, cojo en su arte,
mortecino.[18]

Los fundidores de metales preciosos

Aquí se dice
cómo hacían algo
los fundidores de metales preciosos.
Con carbón, con cera diseñaban,
creaban, dibujaban algo,
para fundir el metal precioso,
bien sea amarillo, bien sea blanco.
Así daban principio a su obra de arte...

Si comenzaban a hacer la figura de un ser vivo,
si comenzaban la figura de un animal,
grababan, sólo seguían su semejanza,
imitaban lo vivo,
para que saliera en el metal
lo que se quisiera hacer.

[18] *Ibid.*, fol. 124 r.

Tal vez un huasteco,
tal vez un vecino,
tiene su nariguera,
su nariz perforada, su flecha en la cara,
su cuerpo tatuado con navajillas de obsidiana.
Así se preparaba el carbón,
al irse raspando, al irlo labrando.

Se toma cualquier cosa
que se quiera ejecutar,
tal como es su realidad y su apariencia,
así se dispondrá.

Por ejemplo una tortuga,
así se dispone del carbón,
su caparazón como que se irá moviendo,
su cabeza que sale de dentro de él,
que parece moverse,
su pescuezo y sus manos,
que las está como extendiendo.

Si tal vez un pájaro,
el que va a salir del metal precioso,
así se tallará,
así se raspará el carbón,
de suerte que adquiera sus plumas, sus alas,
su cola, sus patas.

O tal vez un pescado lo que va a hacerse,
así se raspa luego el carbón,
de manera que adquiera sus escamas y sus aletas,
así se termina,

así está parada su cola bifurcada.
Tal vez es una langosta, o una lagartija,
se le forman sus manos,
de este modo se labra el carbón.

O tal vez cualquier cosa que se trate de hacer,
un animalillo o un collar de oro,
que se ha de hacer con cuentas como semillas,
que se mueven al borde;
obra maravillosa pintada,
con flores.[19]

Teucuitlapitzqui: el orfebre

El orfebre:
experimentado, que conoce el rostro de las cosas,
creador de cosas como los toltecas.
El buen orfebre:
de mano experimentada, de mirada certera
prueba bien los metales, los pule.
Guarda sus secretos,
martillea los metales,
los funde,
los derrite, los hace arder con carbón,
da forma al metal fundido, le aplica arena.

El torpe orfebre:
mete todo en las cenizas, lo revuelve con ellas,
oprime las figuras, es ladrón,
tuerce lo que le enseñaron,

[19] *Ibid.*, fol. 44 v.

obra torpemente,
deja mezclar el oro con las cenizas,
lo revuelve con ellas.[20]

Tlatecqui: el gematista

El gematista:
está dialogando con las cosas,
es experimentado...

El buèn gematista:
creador de cosas como un tolteca,
conocedor, diseña obras como las de los toltecas,
hace sus engastes,
crea como si fuera un tolteca.
Pule y bruñe las piedras preciosas,
las lima con arena fina,
les saca luz, las pule,
hace con ellas mosaicos...

El mal gematista:
deja agujeros en las piedras,
las deja rotas, es torpe.
No encuentra placer en su trabajo...[21]

Cuicapicqui: el poeta

Comienzo ya aquí, ya puedo entonar el canto:
de allá vengo, del interior de Tula,

---

[20] *Ibid.*, fol. 116.
[21] *Loc. cit.*

FIGURA 16. *Orfebre* (Códice Florentino)

ya puedo entonar el canto;
han estallado, se han abierto las palabras y las flores.
Oíd con atención mi canto:
ladrón de cantares, corazón mío,
¿dónde los hallarás?
Eres un menesteroso.
Como de una pintura, toma bien lo negro y rojo [el
    saber]
y así tal vez dejes de ser indigente.[22]

Cuicani: el cantor

El cantor: el que alza la voz,
de sonido claro y bueno,
da de sí sonido bajo y tiple...

[22] *Ms. Cantares mexicanos*, fol. 68 r.

Compone cantos, los crea,
los forja, los engarza.
El buen cantor, de voz educada,
recta, limpia es su voz,
sus palabras firmes
como redondas columnas de piedra.
Agudo de ingenio,
todo lo guarda en su corazón.
De todo se acuerda,
nada se le olvida.

Canta, emite voces, sonidos claros,
como redondas columnas de piedra,
sube y baja con su voz.
Canta sereno,
tranquiliza a la gente...

El mal cantor: suena como campana rota,
ayuno y seco como una piedra,
su corazón está muerto,
está comido por las hormigas,
nada sabe su corazón.[23]

Los textos citados muestran varios puntos fundamentales en lo que pudiera llamarse proceso psicológico que lleva a la creación artística, así como sobre los resultados de ésta. Vale la pena analizar con algún detenimiento esos puntos principales.

El artista náhuatl aparece ante todo como here-

[23] *Ibid.*, fol. 118.

dero de la tradición tolteca. Él mismo pretende llegar a ser un nuevo tolteca, quiere obrar como tal. Parece indudable que se le considera como un predestinado en función del destino determinado por su nacimiento, de acuerdo con el *Tonalámatl* o calendario adivinatorio. De quienes nacían, por ejemplo, en el día 1-Flor, se lee en un antiguo texto:

El que nacía en esas fechas [*Ce Xóchitl:* 1-Flor...],
fuese noble o puro plebeyo,
llegaba a ser amante del canto, divertidor,
    comediante, artista.
Tomaba esto en cuenta, merecía su bienestar y su
    dicha,
vivía alegremente, estaba contento
en tanto que tomaba en cuenta su destino,
o sea, en tanto que se amonestaba a sí mismo, y se
    hacía digno de ello.

Pero el que no se percataba de esto,
si lo tenía en nada,
despreciaba su destino, como dicen,
aun cuando fuera cantor
o artista, forjador de cosas,
por esto acaba con su felicidad, la pierde.
[No la merece.] Se coloca por encima de los rostros
    ajenos,
desperdicia totalmente su destino.
A saber, con esto se engríe, se vuelve petulante.
Anda despreciando los rostros ajenos,
se vuelve necio y disoluto su rostro y su corazón,
su canto y su pensamiento,

¡poeta que imagina y crea cantos, artista del canto necio y disoluto![24]

La predestinación al arte implicaba una cierta capacidad innata. Tan sólo que era necesario que quien pretendía emular a los toltecas tomara en cuenta su destino, se amonestara a sí mismo y se hiciera digno de él. Para esto, debía concurrir a los centros nahuas de educación, particularmente a aquellos que, como las *cuicacalli* o "casas de canto", tenían como función la de capacitar a los artistas. Gracias a la educación, el novel artista se adentraba en los mitos y tradiciones de la antigua cultura. Llegaba a conocer sus ideales y a recibir la inspiración de los mismos. Incardinado de raíz en su cultura, sus futuras creaciones tendrán sentido pleno dentro de ella; podrán encontrar resonancia en el pueblo náhuatl.

Preparado doblemente el artista, en cuanto conocedor del legado cultural náhuatl, y en cuanto a su capacitación técnica, llegará a transformarse en un ser que sabe "dialogar con su propio corazón": *moyolnonotzani,* como se repite en casi todos los textos citados. Llamando repetidas veces dentro de sí mismo a su propia "movilidad", a su corazón *(yóllotl);* conocedor de las grandes doctrinas de su religión y del pensamiento antiguo, no descansará hasta descubrir por sí mismo los símbolos y metáforas, "las flores y cantos", que podrán dar raíz a su vida y que al fin serán

[24] *Ibid.,* fol. 300.

incorporadas a la materia inerte, para que el pueblo en general pueda percibir también el mensaje.

Fruto del diálogo sostenido con su propio corazón, que ha rumiado, por así decir, el legado espiritual del mundo náhuatl, el artista comenzará a transformarse en un *yoltéotl*, "corazón endiosado", o mejor, movilidad y dinamismo humano orientados por una especie de inspiración divina. Vivirá entonces momentos de angustia y de anhelo. Será una especie de "ladrón de flores y cantos", buscador del símbolo adecuado que pueda incorporarse a las piedras, al papel de amate de los códices, al metal precioso, a las plumas finas o al barro. Bellamente se describe esta etapa del proceso psicológico que lleva a la creación artística en el ya citado poema:

> Ladrón de cantares, corazón mío,
> ¿dónde los hallarás?
> Eres menesteroso,
> como de una pintura,
> toma bien lo negro y rojo [el saber].
> Y así tal vez dejes de ser un indigente.[25]

El artista, descrito como un menesteroso, encontrará al fin en la vieja sabiduría la semilla de "la flor y el canto" que anhela. Entonces, como se dice en el texto que describe al pintor, se convierte en un *tlayoltehuiani*, "aquel que introduce el simbolismo de la divinidad en las cosas". "Ense-

---

[25] *Ms. Cantares mexicanos, loc. cit.*

ñará entonces a mentir", como se expresa en la descripción del alfarero, no ya sólo al barro, sino también a las plumas de quetzal, a las palabras mismas, a las piedras y metales, incrustando símbolos en el mundo de lo que antes carecía de alma. Para esto, como se repite insistentemente, obrará con calma, con tiento, con deleite; como si fuera un tolteca, encontrará placer en aquello que hace.

Siendo un hombre íntegro, "dueño de un rostro, dueño de un corazón", como se dice a propósito de *amantécatl* o artista de las plumas, estará alejado enteramente de todo aquello que es propio del artista torpe. No defraudará ciertamente a las personas, no pasará por encima del rostro de las cosas, no será un engañador, no dará muerte a su arte, ni meterá a las cosas en la noche.

El resultado de su acción, que llamaremos "endiosada y cuidadosa", será ir transmitiendo a la materia las flores y los cantos, los símbolos, que ayudarán al hombre a encontrar su verdad, *su raíz,* aquí sobre la tierra. Esos símbolos no serán de necesidad hermosos —desde el punto de vista de la belleza clásica griega—, podrán ser muchas veces profundamente trágicos, evocadores de la muerte y del misterio que rodea a la existencia humana. Fundamentalmente supondrán para el *toltécatl* o artista náhuatl el descubrimiento de nuevas flores y cantos.

Lo que hoy pudieran llamarse "reproducciones de carácter naturalista" tendrán sentido en su arte, como un complemento que permita des-

cribir o "leer" mejor el enjambre de metáforas incorporadas a sus creaciones. De esta forma de
naturalismo se habla, por ejemplo, en el texto
acerca de los orfebres. Se dice allí que muchas
veces "imitaban lo vivo":

Cualquier cosa que se trate de hacer,
un animalillo o un collar de oro,
que se ha de hacer con cuentas como semillas,
que se mueven al borde,
obra maravillosa,
pintada con flores.[26]

Tal era la especie de naturalismo que complementaba "la flor y el canto" de la producción artística. El meollo de ésta lo constituían los enjambres de símbolos. Recuérdense tan sólo, por
vía de ejemplo, las innumerables pinturas de códices como el *Borbónico* o los del grupo *Borgia*;
esculturas como la tantas veces mencionada de
Coatlicue, la colosal cabeza de Coyolxauhqui, Xólotl, caracterizado como dios del crepúsculo, Quetzalcóatl en sus diversas representaciones con los
símbolos de la serpiente emplumada, etcétera.

Un análisis apoyado en los textos indígenas,
acerca de cada una de esas esculturas, pinturas,
etc., será quizá la única forma de acercar al con-
templador moderno el mensaje que "los antiguos
corazones endiosados" supieron introducir en la
materia inerte. Para el pueblo náhuatl era asequi-

[26] *Loc. cit.*

ble ese mensaje porque todos sus individuos habían recibido desde pequeños una educación que, como se ha dicho, era universal y obligatoria, gracias a la cual se habían puesto en contacto con las doctrinas religiosas y el pensamiento de su antigua cultura. Poseían, por así decirlo, los elementos necesarios para acercarse a la creación artística. En nuestro mundo no sucede esto siempre, por desgracia; el artista pertenece muchas veces a una élite refinada, alejada de las preocupaciones y sentimientos del pueblo. Pero en el mundo náhuatl prehispánico el artista tenía constantemente presente al pueblo. Como se repite muchas veces, "pretendía ante todo humanizar el corazón de la gente", "hacer más sabios sus rostros", ayudarles a descubrir su verdad, que quiere decir su raíz en la tierra.

De este modo, lo que hoy llamamos arte del México Antiguo era en su propio contexto un medio maravilloso de integración del pueblo con los antiguos ideales de la religión y la cultura. Era la presentación plástica de las grandes doctrinas, transfiguradas en símbolo e incorporadas, para todos los tiempos y para todos los hombres, en elementos tan resistentes como la piedra y el oro.

Implícitamente se superponía al mundo misterioso y hostil que nos rodea otro universo o *cemanáhuac*, casi mágico, forjado por el hombre a base de símbolos. Flores y cantos, nacidos en el corazón del artista, circundaban así al hombre que contemplaba los centros rituales con sus pirámides y templos cubiertos de pinturas y orientados hacia los cuatro rumbos del mundo; con las esculturas de sus dioses y el más cercano simbolismo incorporado a objetos de uso diario: atavíos, pendientes de oro y plata e incontables utensilios de cerámica. El mundo endiosado del arte era el hogar penosamente construido por el hombre náhuatl, preocupado por dar un sentido a su vida y a su muerte.

Entendiendo así el arte del México Antiguo, parece abrirse un campo casi sin límites al investigador moderno que tome en cuenta los textos indígenas. Lo que ha hecho Justino Fernández a propósito de la Coatlicue y de Xochipilli podrá hacerse también acerca de casi todas las incontables esculturas, pinturas, inscripciones, trabajos en oro y plata, creaciones en barro del antiguo mundo indígena. Lo que antes parecía pura osamenta arqueológica, desde la planta arquitectónica de los grandes centros rituales hasta la más insignificante pieza de cerámica, podrá recobrar una vez más su antiguo sentido.

El arte del México Antiguo es así herencia doble de elevado valor. Por una parte se conocen, gracias a los hallazgos de la arqueología, centenares de aquellas producciones artísticas, y por otra, gracias a los textos, es posible lograr una mayor resonancia y acercamiento con ellas, hurgando en lo que parece haber sido su alma. El estudio del arte en el mundo náhuatl, para quien así se aproxime a él, podrá convertirse en lección de sorprendente novedad, aun en el contexto del pensamiento estético contemporáneo.

Los milenios de cultura en el México Antiguo llegaron a plasmar formas de vida propias, distintas, como es natural, de las de hombres de otros tiempos y latitudes. Se trata aquí del Pueblo que tuvo como ideal forjar rostros sabios y corazones firmes. Sus creencias y ritual religioso, su sistema educativo, sus normas morales y el mundo maravilloso de su arte, todo ello en continuada evolución creadora, trajo consigo un auténtico sentido náhuatl de la vida y del hombre.

El siglo anterior a la Conquista había recibido la concepción místico-guerrera del Pueblo del Sol, introducida por Tlacaélel, Itzcóatl y Motecuhzoma Ilhuicamina. Gracias a ellos, la tribu advenediza de rostro no conocido se convirtió en un estado poderoso elegido por el Sol-Huitzilopochtli para la máxima empresa de preservar con la sangre de los sacrificios el presente orden cósmico. Pero este modo de concebir la existencia como una colaboración de sangre con los dioses fue consecuencia de una reforma que había aprovechado para fines distintos un antiguo legado.

La visión azteca del mundo y de la vida fue durante mucho tiempo la que conocieron los estudiosos del México Antiguo. Mas, como ya se ha mostrado, no fue ésta la única forma náhuatl de concebir la existencia. A su lado floreció también la actitud de quienes pretendían ser auténticos seguidores y renovadores del pensamiento de origen tolteca. Coexistiendo en más o menos velada oposición con la concepción guerrera de los aztecas, esta otra visión de la vida llegó hasta nosotros a través de poemas y discursos portadores del rico simbolismo presente también en varias creaciones del mundo casi mágico de su arte.

Esta forma de comprender y vivir la existencia parecerá a muchos de increíble modernidad. Distinta de los moldes conceptuales conocidos por el hombre occidental, ofrece la posibilidad de contemplar, desde un punto de vista distinto, los eternos enigmas que circundan el existir humano en la tierra. Este sentido náhuatl de la vida, de posibles resonancias con el pensamiento contemporáneo, constituye verosímilmente —como veremos— la máxima herencia del México Antiguo.

Hay en los poemas prehispánicos que conocemos dos temas fundamentales que se repiten sin cesar, dejando ver la preocupación constante que acerca de ellos experimentaban los sabios nahuas. Piensan en todo aquello que rodea al hombre, particularmente en lo que es hermoso y bueno: las flores y los cantos, los plumajes de quetzal, las obras de arte, las doradas mazorcas de maíz, los rostros y los corazones de los amigos, el mundo entero que ha existido en diversas edades o soles. La reflexión profunda acerca de lo que existe lleva a descubrir que todo está sometido al cambio y al término. Ambos temas: inestabilidad de lo que existe y término fatal, que para el hombre significa la muerte, parecen ser los motivos que en la mayoría de los casos impelen al sabio indígena a meditar y a buscar un más hondo sen-

273

tido en las cosas. Recordando la amistad y las cosas bellas, exclamaba así el señor Tecayehuatzin:

> ¡Águilas y tigres!
> Uno por uno iremos pereciendo,
> ninguno quedará.
>
> Meditadlo, oh príncipes de Huexotzinco,
> aunque sea jade,
> aunque sea oro,
> también tendrá que ir
> al lugar de los descarnados.[27]

Estas ideas, verdadera obsesión del cambio y la muerte, reforzadas por la antigua doctrina de los varios mundos que han existido antes del nuestro, destruidos todos ellos por un cataclismo, llevaron a los sabios nahuas a concebir la vida como una especie de sueño, y al tiempo, *cáhuitl*, como "lo que nos va dejando". Y tan grande es la insistencia en estos pensamientos sobre el cambio, la muerte personal y la muerte del mundo, que quien esté familiarizado con la poesía del mundo indígena se sentirá inclinado a calificarla de expresión melancólica de un pueblo perennemente afligido por la idea de una destrucción inescapable.

Sin embargo, aunque es cierto que preocuparon hondamente a los nahuas estos problemas, parece también verdad que su pensamiento no quedó hipnotizado por ellos, sino que los aprove-

[27] Ms. *Cantares mexicanos*, fol. 14 v.

chó como un punto de partida para una visión más honda de la vida. El sabio náhuatl se empeñó en encontrar alguna forma de superar la inestabilidad y la muerte. Ya vimos que los aztecas, siguiendo el pensamiento de Tlacaélel, hicieron de sí mismos los colaboradores cósmicos del Sol. Su misticismo guerrero los llevó a pensar que la guerra sagrada y el sacrificio podían preservar la vida del Sol y podían acercar al hombre, al morir en la guerra, con el Dador de la vida, identificado en su pensamiento con el mismo Sol. Pero quienes en el fondo de su corazón disentían de esa doctrina oficial se encaminaron en pos de otras respuestas de connotación más íntima y personal. Surgieron así algunos atisbos que anacrónicamente pudieran describirse como de carácter "epicúreo". A esta forma de reacción pertenece la siguiente expresión poética:

> Pero yo digo:
> sólo por breve tiempo,
> sólo como la flor del elote,
> así hemos venido a abrirnos,
> así hemos venido a conocernos
> sobre la tierra.
>
> Sólo nos venimos a marchitar,
> ¡oh amigos!
> que ahora desaparezca el desamparo,
> que salga la amargura,
> que haya alegría...

En paz y placer pasemos la vida,
venid y gocemos.
¡Que no lo hagan los que viven airados,
la tierra es muy ancha…!²⁸

Al lado de estas actitudes, hubo también quienes, conociendo el antiguo pensamiento de origen tolteca, continuaron la búsqueda de aquello que caracteriza al existir humano sobre la tierra. Es verdad que éste está sometido a la muerte y al cambio, pero también es cierto que hay en él algunas cosas buenas. Entre ellas —como se repite en el ya citado *huehuetlatolli*, o plática de viejos— hay unas cuantas cosas que dan alegría al hombre sobre la tierra:

Para que no andemos siempre gimiendo,
para que no estemos saturados de tristeza,
el Señor Nuestro nos dio a los hombres
la risa, el sueño, los alimentos,
nuestra fuerza y nuestra robustez,
y finalmente el acto sexual,
por el cual se hace siembra de gentes.
Todo esto
alegra la vida en la tierra,
para que no se ande siempre gimiendo.²⁹

Y dando luego un paso más, de acuerdo con los consejos del mismo *huehuetlatolli*, se afirma cons-

²⁸ *Ibid.*, fols. 13 v. y 26 r.
²⁹ *Códice Florentino*, lib. VI, cap. XVII, fol. 74 v.

cientemente que la vida es lugar de lucha, de esfuerzo, en la que es posible encontrar una solución para todos los problemas:

> Pero, aun cuando así fuera,
> si saliera verdad que sólo se sufre,
> si así son las cosas en la tierra,
> ¿se ha de estar siempre con miedo?,
> ¿habrá que estar siempre temiendo?,
> ¿habrá que vivir siempre llorando?
>
> Porque se vive en la tierra,
> hay en ella señores,
> hay mando, hay nobleza,
> hay águilas y tigres.
>
> ¿Y quién anda diciendo siempre
> que así es en la tierra?
> ¿Quién trata de darse la muerte?
> ¡Hay afán, hay vida,
> hay lucha, hay trabajo![30]

Afirmada así la doble condición del hombre, rostro y corazón que tiene necesariamente que sufrir, pero que también es capaz de resolver sus problemas, los antiguos sabios nahuas concentran precisamente su interés en la búsqueda de una solución al problema del cambio y la muerte. Conocedores de su antiguo pensamiento religioso, sin despreciarlo en modo alguno, pero al

[30] *Loc. cit.*

mismo tiempo con un criterio más amplio que les permite plantearse problemas aun acerca de lo que antes han creído, su actitud y sus inquietudes los aproximan a la temática, profundamente humana y universal, de los sabios y filósofos de otros tiempos y latitudes.

Asombroso resulta para quien, libre de prejuicios, se aproxime a los textos en idioma indígena, encontrar en ellos el planteo de problemas como el de la capacidad cognoscitiva y el de la *verdad* misma del hombre. Y es que al menos implícitamente se dieron cuenta de que resultaba imposible querer elucidar los temas del cambio y la muerte, sin valorizar antes las posibilidades del conocimiento humano sobre la tierra. Sinceramente creemos que la sola aproximación a este tema justificaría ya el título de *filósofos* que, con todas las analogías que se quiera, dio primero que nadie fray Bernardino de Sahagún a los sabios indígenas.

Al hablar de los "seguidores de la antigua doctrina" vimos varios textos indígenas en los que discutían los sabios nahuas las posibilidades del conocimiento del hombre en la tierra. El concepto náhuatl de *verdad (neltiliztli)*, con la connotación de "raíz y fundamento", dejó ya entrever implícitamente el sentido que dieron a su búsqueda. No les preocupaba tanto obtener una representación fiel de lo que existe, cuanto encontrar *una raíz y fundamento* para su propia existencia que inevitablemente tiende a desvanecerse como un sueño y a desgarrarse como las plumas de quetzal.

278

Persuadidos los sabios indígenas, después de analizar hondamente el problema, de la dificultad, si no es que imposibilidad, de llegar a conocer sobre la tierra algo, tal como es en realidad, repiten en sus textos sentencias como éstas: "puede que nadie diga la verdad en la tierra..."; "¿cuántos dicen si hay o no verdad allí, en la región de los muertos...?"; "tal vez sí, tal vez no, como dicen..." Por esto —conviene insistir en ello— su búsqueda de la *verdad* diferirá por completo de cualquier concepción de tipo griego u occidental en la que exista el propósito de inquirir por la esencia de las cosas. Al hombre náhuatl interesa no "la contemplación de las esencias", sino la posesión interior de una raíz para dar apoyo a su rostro y corazón inquieto.

Esto llevó a los sabios indígenas a forjar, como se ha visto, la que llamaríamos una "teoría del conocimiento". Fue el mismo señor Tecayehuatzin de Huexotzinco quien parece haberse acercado por primera vez a la "respuesta náhuatl del problema". Su extraordinario atisbo fue dado a conocer, al tener lugar en su casa el célebre "diálogo de la poesía: flor y canto". Al hablar allí de la poesía los varios sabios invitados la designan, junto con el arte y el simbolismo, por medio de esa expresión idiomática, dos palabras inseparablemente unidas, "flor y canto".

El fin de la reunión era precisamente esclarecer el valor y la importancia de la poesía, el arte y el simbolismo, "las flores y los cantos". Para algunos de los participantes, como Ayocuan, de Teca-

Figura 17. *Flor y canto (mural de Teotihuacán)*

machalco, la flor y el canto son tan sólo el recuerdo que puede dejar el hombre en la tierra, o tal vez la mejor forma de embriagar los corazones para olvidarse de la tristeza. Pero el señor Tecayehuatzin ofrece una concepción más honda y sugestiva. Para él, flor y canto —poesía y arte— son tal vez la única manera de decir palabras verdaderas, capaces de dar raíz al hombre en la tierra. De todos los caminos que pueden llevar al hombre a vislumbrar de algún modo y a introducir en sí la misteriosa raíz que permita superar la muerte y el cambio, es la poesía, el arte y el simbolismo, flores y cantos, lo único capaz de colmar tal vez sus anhelos. "Flor y canto —así habló Tecayehuatzin—, tal vez la única manera de decir palabras verdaderas en la tierra."

A partir de esta formulación, germen de una visión estética de la vida, aparecen poemas y textos en abundancia para aclarar la realidad y el origen de flores y cantos. Son intentos de depurar el simbolismo de la flor y el canto para abocarse a la solución de los grandes enigmas. El propio corazón, principio dinámico del hombre en el pensamiento náhuatl, es concebido como un libro de pinturas en el que puede leerse, después de largo dialogar consigo mismo, el mensaje de la flor y el canto:

> Libro de pinturas
> es tu corazón.
> Has venido a cantar,
> tañes tu atabal,
> ¡oh cantor!
> En el interior de la casa de la primavera
> das deleite a la gente.[31]

Y valorando una vez más las posibilidades que ofrecen el arte y la poesía, flor y canto, para adentrarse en la meditación de los eternos problemas, afirma el sabio náhuatl, esta vez Nezahualcóyotl, que nada hay tan valioso como dar con un símbolo:

---

[31] *Ms. Romances de los Señores de la Nueva España*, fol. 19 r.

Hasta ahora lo comprende mi corazón:
Escucho un canto,
contemplo una flor,
¡ojalá no se marchite! [32]

La búsqueda de flores y cantos, la confianza de encontrar respuestas por el camino del arte y la poesía, llevó a los sabios nahuas a una nueva concepción del mundo, del hombre y de Dios. El ser humano aparece a sus ojos con un nuevo sentido y misión sobre la tierra. Los sabios habían formulado antes una pregunta: "¿tienen acaso verdad los hombres?" Ahora puede al fin encontrarse una respuesta. La verdad del hombre, la raíz que le permite superar lo transitorio y hacer frente a la muerte, está en sus flores y cantos. Un hombre puede *hacerse a sí mismo verdadero*, si es capaz de entonar un canto y cultivar nuevas flores:

No acabarán mis flores,
no acabarán mis cantos.
Yo los elevo,
soy tan sólo un cantor.[33]

Es cierto que muchas veces podrá experimentar el enamorado de las flores y los cantos diversas formas de angustia. Pero su aflicción no nacerá ya del temor de no poder hallar una respuesta. Se angustiará porque no ha dado aún con el símbolo,

[32] *Ibid.*, fol. 19 v.
[33] *Ms. Cantares mexicanos*, fol. 16 v.

con la flor y el canto que anhela. Mas, en el fondo de su ser existirá la confianza de que al fin su problema podrá alcanzar un sentido desde el punto de vista del arte y la poesía. Como lo expresó Cuauhcuatzin, y también otros muchos pensadores y poetas nahuas:

> Flores con ansia mi corazón desea,
> sufro con el canto,
> sólo ensayo cantos en la tierra.
> Yo, Cuauhcuatzin.
> ¡Quiero flores que duren en mis manos!
> ¿Dónde tomaré hermosas flores,
> hermosos cantos?[34]

Consciente el pensador náhuatl de que es muy difícil encontrar auténticas flores y cantos, tiene la esperanza de hallarlos algún día. Así, para concebir de algún modo al universo y a Dios, buscará su inspiración en el viejo pensamiento religioso de origen tolteca. Lo que se ha dicho de los artistas puede repetirse ahora: el buscador de flores y cantos aprenderá a dialogar con su propio corazón, luchará por introducir a la divinidad en su propio corazón, hasta transformarse luego en un corazón endiosado, capaz de enseñar a mentir a las cosas, introduciendo en ellas el mensaje de la divinidad. La suprema misión del hombre náhuatl será descubrir nuevas flores y cantos. El simbolismo de su arte habrá de llegar hasta los más

[34] *Ibid.*, fol. 26 r.

apartados rincones del universo, hasta lo más oculto de los rostros y los corazones, hasta acercarse a todos los enigmas, sin excluir el enigma supremo de Dios.

Hombres de acción y pensamiento se convertirán entonces en cantantes y poetas. El mundo será el escenario, siempre cambiante, que ofrece la materia prima de la que habrán de elaborarse los símbolos asimismo cambiantes. La divinidad, todos los dioses y todas las fuerzas que el hombre no alcanza a entender, serán fuente de inspiración, don supremo que puede introducirse en el corazón o *movilidad* de los hombres para hacer de ellos un *yoltéotl*, "corazón endiosado", poeta, cantante, pintor, escultor, orfebre o arquitecto, creador del nuevo hogar cósmico en el que viven los símbolos portadores de un sentido capaz de dar raíz y verdad a los hombres.

Tal fue esta concepción náhuatl de la vida, visión estética del universo, con resonancia en todos los órdenes: nueva forma de repensar la religión, invitación a la creación artística, impulso de ahondar en el propio corazón y, al mismo tiempo, misión creadora que lleva hasta el pueblo el mensaje, el sentido y la raíz de la flor y el canto, que puede ayudar al hombre a superar la angustia del cambio y la muerte. Visible y tangible en todas las formas del arte indígena, la raíz se vuelve entonces patrimonio universal de salvación para todos los hombres, sabios e ignorantes, nobles y *macehuales*.

Si la vida se asemeja a un sueño, si habían sostenido los sabios indígenas que aquí en la tierra parece que sólo soñamos, que todo es como un sueño, podía afirmarse al menos que, sueño o no, esta vida tenía un sentido. Como lo dejó dicho Tecayehuatzin, al concluir el diálogo de la flor y el canto, si la vida es sueño, hay en ella una palabra, un sentido, flores y cantos:

> Y ahora, oh amigos,
> oíd el sueño de una palabra:
> cada primavera nos hace vivir,
> la dorada mazorca nos refrigera,
> la mazorca rojiza se nos vuelve un collar.
> ¡Sabemos que son verdaderos,
> los corazones de nuestros amigos![35]

LOS ROSTROS DE UNA CULTURA

Valiéndonos de la expresión náhuatl que designa al hombre como "dueño de un rostro y de un corazón", podría decirse que la suprema creación de los seres humanos, su cultura, posee asimismo rostro y corazón propios. A través de los milenios del México Antiguo es como se fue formando el rostro y el corazón de la cultura que floreció en Anáhuac, caracterizados por el mundo de sus mitos y cosmogonías, por su pensamiento religioso, su arte y educación, su concepción de la historia y por todas sus formas de organización social y política.

[35] *Ibid.*, fol. 11 v.

Transformándose con el paso del tiempo el rostro y corazón del México Antiguo, hubo un momento de su evolución en el que, sin perder nunca su fisonomía propia, surgen matices y rasgos diversos. Se perfila entonces dentro de la misma cultura una cierta diversidad de rostros y corazones, o sea, de tendencias y actitudes. En el mundo náhuatl aconteció esto al menos desde la segunda mitad del siglo xv. Como se ha visto a lo largo de este libro, fueron Tlacaélel, el gran reformador azteca, y Nezahualcóyotl, el sabio rey texcocano, quienes pueden simbolizar la aparición de los rostros distintos dentro de la misma cultura.

Dos figuras extraordinarias, Tlacaélel y Nezahualcóyotl, aliados para vencer a sus antiguos dominadores los tepanecas de Azcapotzalco, al obtener la victoria, dieron principio a dos formas de vida distintas. Ambos conocían el antiguo legado cultural. Pero mientras Nezahualcóyotl simboliza la actitud de quienes desean continuar, o tal vez hacer resurgir, la tradición espiritualista de los toltecas, Tlacaélel inicia una reforma de resonancias exteriores mucho más amplias y trascendentales. La prueba tangible de su éxito la ofrecen, por una parte, la grandeza de México-Tenochtitlan y de sus incontables victorias y, por otra, el juicio y la descripción que acerca de los aztecas han consignado la mayoría de los historiadores, no ya sólo indígenas y coloniales, sino también modernos. Al referirse al México Antiguo, son los aztecas, el Pueblo del Sol, con sus guerras floridas, sus sacrificios humanos, su grandeza militar y política, la figura central, casi pudiera decirse lo único que en realidad cuenta. Y sin embargo, como lo afirman numerosos testimonios, al lado de esa actitud azteca existió también la otra posición fundamentalmente espiritualista representada por figuras como Nezahualcóyotl y Nezahualpilli, Tecayehuatzin, de Huexotzinco, Ayocuan, de Tecamachalco, y otros muchos señores y sabios, los célebres *tlamatinime*.

Por encontrar en el rostro y corazón de los partidarios de esta segunda actitud una mayor resonancia con nuestro pensamiento, hemos subrayado, tal vez con demasiada insistencia y siguiendo un impulso más o menos consciente, el valor y la importancia de los "pensadores de la flor y el canto". Tanto que a más de uno podrá parecer que este estudio resta importancia al impulso y la obra de las *águilas* y *tigres* del Pueblo del Sol, omnipresentes en el México Antiguo. Aceptando la posibilidad de una sobrevaloración histórica respecto de la importancia que pudieron haber tenido en el mundo náhuatl los sabios representados por Nezahualcóyotl, es posible formularse esta pregunta: ¿hasta qué punto estas ideas de la "flor y el canto" llegaron a influir en la vida del pueblo? ¿Se trata quizá tan sólo de elucubraciones de pensadores profundos, especie de élite, refugiada en sus propias ideas?

Para responder, habrá que recordar algunos hechos ciertos que permitan ahondar más en este problema. Estudiando los discursos y exhortaciones que daban los mismos padres aztecas a sus

Figura 18. *Juego de patolli* (Códice Magliabecchi)

hijos e hijas, las enseñanzas que se transmitían en
los centros superiores de educación de la misma
ciudad de México-Tenochtitlan, no puede uno menos de sorprenderse al encontrar que los principios e ideas inculcados en los niños y jóvenes —no
ya sólo nahuas en general, sino también especí-
ficamente en los aztecas— se acercan más al pensamiento de flor y canto que a las ideas místico-
guerreras de Tlacaélel. Otro tanto puede decirse
de las invocaciones y discursos pronunciados en
ocasiones como el nacimiento y la muerte, el matrimonio y la elección del rey o *tlatoani*.

En todos esos casos se nombra al único dios
Tloque Nahuaque, Dueño del cerca y del junto, invisible como la noche e impalpable como el viento,

Moyocoyatzin, autoritario, que se está siempre inventando a sí mismo. Se repite también, para que todo el pueblo lo oiga, que esta vida es como un sueño, que es difícil encontrar en ella raíz y verdad... Todo esto, imposible de ser pasado por alto, parece apuntar a la idea de que la antigua herencia cultural seguía transmitiéndose y no era patrimonio exclusivo de unos cuantos sabios aislados. El pueblo en general tenía al menos noticia del pensamiento y las dudas de los seguidores de la flor y el canto.

Mas hay que reconocer que el culto de los dioses innumerables y la concepción guerrera prevalecieron en la vida práctica. Quienes habían recibido en los centros de educación las ideas acerca de *Tloque Nahuaque* marchaban también a la guerra para hacer cautivos que habían de ofrecerse al Sol-Huitzilopochtli, divinidad que había hecho de los aztecas su pueblo elegido. Investidos con las insignias de águilas y tigres, "operarios de la muerte", como los designa un poema, los aztecas luchaban por la suprema misión de someter a todos los hombres al yugo del Sol-Huitzilopochtli. Pero simultáneamente en el interior de esos guerreros resonaban las ideas aprendidas en los *calmécac* acerca del dios invisible, Señor de la cercanía y la proximidad, que según decían los toltecas, no pedía sacrificios humanos.

Así, paradójicamente, los dos rostros de una misma cultura parecen haber existido en no pocos de sus miembros, en una especie de drama personal e íntimo. El orbe náhuatl se muestra por esto como un mundo en tensión. La realidad vivida por los antiguos mexicanos aparece entonces mucho más honda y compleja. Sería falso tratar de disminuir la grandeza guerrera de los aztecas. Pero también implicaría amnesia histórica olvidar sus preocupaciones y angustia por decir palabras verdaderas en la tierra. Y si no parece posible afirmar que esta ambivalencia cultural existía en todos los integrantes del mundo náhuatl, puede sospecharse su presencia, no ya sólo en los sabios como Nezahualcóyotl y Tecayehuatzin, sino también en quienes, aztecas, texcocanos, o de cualquier otro señorío náhuatl, habían asistido a sus centros de educación superior, a los *calmécac*, erigidos bajo la protección de Quetzalcóatl, símbolo de la sabiduría de Anáhuac.

Pudiera añadirse, para hacer más comprensible la doble actitud que existía entre no pocos nahuas del siglo xv y principios del xvi, que diversas formas, ambivalencia de ideales y tendencias las ha habido también en otros tiempos y culturas. Piénsese, por ejemplo, en la misma actitud de los conquistadores que, por una parte, sojuzgaron violentamente a los pueblos indígenas, arrebatándoles sus riquezas y su libertad, y, por otra, en cuanto creyentes, pretendían asimismo difundir las ideas religiosas del cristianismo, en el que encontraban su más honda raíz.

Si de alguna manera, más o menos simplista, pudiera caracterizarse la actitud azteca del Pueblo del Sol como un anhelo de lograr la más completa posesión del poder, cabría también describir la tendencia de los seguidores de la flor y el canto como un hondo impulso que busca en el simbolismo de la religión y el arte una forma de autoafirmación existencial. Y como ya lo han hecho ver grandes maestros de la psicología contemporánea, la voluntad de poder y la realización del propio yo constituyen quizá dos de las manifestaciones más hondas del dinamismo vital de todo ser humano.

Por esto, esa tensión interior, que, como hemos visto, existía en el mundo náhuatl prehispánico, evidencia en realidad su profundo dinamismo, muy alejado de cualquier decadencia. Si la vida, como dijo un poeta náhuatl, es como el antiguo juego del *patolli*, en el que los participantes, al arrojar sus dados hechos de colorines, invocaban a sus dioses con la esperanza de triunfar, hay que reconocer que la presencia de rostros de hombres y dioses, con rasgos marcadamente distintos, daba mayor interés al certamen. Porque en el juego participan por igual los guerreros águilas y tigres y los sabios que dudan:

> ¡Oh vosotros amigos!
> Vosotros, águilas y tigres.
> ¡En verdad es aquí
> como un juego de *patolli*!
> ¿Cómo podremos
> lograr algo en él?
> ¡Oh amigos...!
> Todos hemos de jugar *patolli*:
> tenemos que ir al lugar del misterio.

En verdad frente a su rostro
sólo soy vano,
indigente ante el Dador de la vida...[36]

Aceptando participar en el juego que es la vida, los ideales del Pueblo del Sol, implantados casi universalmente por obra de las flechas y los escudos, habían forjado "corazones firmes como la piedra". El mensaje espiritualista de la flor y el canto formaba, a su vez, "rostros sabios". Quienes se consagraban a la guerra para preservar con la sangre de los cautivos la vida del Sol encontraban su raíz en el propósito de convertirse un día en los compañeros inseparables del Sol-Huitzilopochtli. Quienes en medio de sus dudas buscaban la forma de decir palabras verdaderas en la tierra llegaron a crear el mundo mágico de sus símbolos, flores y cantos, quizá lo único verdadero en la tierra. Ambos rostros de una misma cultura en tensión permiten descubrir un mensaje, pleno de significado para el hombre moderno: el México Antiguo aprendió a compaginar los ideales de un pueblo fuertemente socializado con las aspiraciones y actitudes del individuo, "dueño de un rostro y de un corazón". El misticismo guerrero del Pueblo del Sol, con toda su fuerza, no suprimió la posibilidad de marchar en la vida por sendas estrictamente personales. Entre otras cosas, dan testimonio de esto las varias actitudes de sus sabios y artistas —ligados con las instituciones culturales

[36] *Ibid.*, fol. 13 v.

del pueblo— pero al mismo tiempo creadores libres de sus propias flores y cantos.

Quien haya leído los consejos de los padres a sus hijos y recuerde los ideales de la educación prehispánica conoce ya el valor dado por los antiguos mexicanos a la persona humana. Quien piense en la estructura del Pueblo del Sol reconocerá al mismo tiempo su profundo sentido social. En la tensión de los polos extremos, individuo y sociedad, la cultura de Anáhuac halló un justo equilibrio. Por eso hubo en ella rostros distintos, fisonomías definidas. Conscientes de ello, sus poetas afirmaron el valor supremo de la persona y de la amistad que acerca a los rostros distintos y los une en lo que ellos llamaron *cohuáyotl,* comunidad:

> He llegado, oh amigos nuestros,
> con collares os ciño,
> con plumas de guacamaya os adorno...
> Con oro yo pinto,
> rodeo a la hermandad...
> Con círculo de cantos
> a la comunidad yo me entrego...[37]

[37] *Cantares mexicanos de la Colección Latinoamericana de la Universidad de Texas,* fol. 2 r.

REFERENCIAS BIBLIOGRÁFICAS

(Se mencionan aquí tan sólo las ediciones de las fuentes indígenas citadas en este trabajo, así como las obras de cronistas, misioneros, historiadores coloniales, etc., cuyo testimonio ha sido también aducido. Para una bibliografía más amplia acerca de los trabajos más recientes sobre la cultura náhuatl del altiplano central de México, véase "Bibliografía sobre cultura náhuatl, 1950-1958", por Concepción Basilio, en *Estudios de cultura náhuatl*, vol. I, México, Universidad Nacional Autónoma de México, 1959, pp. 125-166.)

Anales de Cuauhtitlán, en *Códice Chimalpopoca,* ed. fototípica y traducción de Primo F. Velázquez, México, Imprenta Universitaria, 1945.

Carochi, Horacio, S. J., *Arte de la lengua mexicana,* México, 1892.

Caso, Alfonso, *La religión de los aztecas,* México, Enciclopedia Ilustrada Mexicana, 1936.

————, "El Paraíso Terrenal en Teotihuacán", en *Cuadernos Americanos,* vol. VI, nov.-dic. 1942, pp. 127-136.

————, *El pueblo del Sol,* México, Fondo de Cultura Económica, 1953.

Codex Borbonicus, manuscrito mexicano de la Bibliothèque du Palais Bourbon, publicado en

295

facsímil con un comentario explicativo por Ernest Théodore Hamy, París, 1899.

Codex Borgia, manuscrito mexicano borgiano del Museo Etnografico della S. Congr. di Prop. Fide, reproducido en fotocromografía a cargo de S. E. duque de Loubat, ed. de la Biblioteca Vaticana, Roma, 1898.

Codex Mendoza, manuscrito mexicano conocido como Colección Mendoza conservada en la Bodleian Library, Oxford, editado y traducido por James Cooper Clark, Londres, 1938.

Codex Vaticanus *A* (Ríos), manuscrito mexicano vaticano 3738, conocido como Códice Ríos, reproducido en fotocromografía a cargo de S. E. duque de Loubat, ed. de la Biblioteca Vaticana, Roma, 1900.

Códice Florentino (ilustraciones), ed. facs. de Francisco del Paso y Troncoso, vol. V, Madrid, 1905.

———, (textos nahuas de Sahagún), libros I, II, III, IV-V, VII, VIII, IX y XII, publicados por Dibble y Anderson: *Florentine Codex,* Santa Fe, Nuevo México; 1950-1959; libro VI en fotocopia, Biblioteca del doctor Garibay.

Códice Matritense del Real Palacio (textos en náhuatl de los indígenas informantes de Sahagún), ed. facs. de Del Paso y Troncoso, vols. VI (2ª parte) y VII, Madrid, fototipia de Hauser y Menet, 1906.

Códice Matritense de la Real Academia de la Historia (textos en náhuatl de los indígenas informantes de Sahagún), ed. facs. de Del Paso y

Troncoso, vol. VIII, Madrid, fototipia de Hauser y Menet, 1907.

Códice Ramírez, "Relación del origen de los indios que habitan esta Nueva España, según sus historias", México, Editorial Leyenda, 1944.

Chimalpain Cuauhtlehuanitzin, Domingo F., *Diferentes historias originales de los reynos de Culhuacán y México, y de otras provincias*, traducción y notas de Ernst Mengin, Hamburgo, 1950.

————, *Sixième et septième relations* (1358-1612), edición y traducción por Rémi Siméon, París, 1889.

————, *Das Memorial breve acerca de la fundación de la ciudad de Culhuacán*, texto náhuatl con traducción alemana..., *Quellenwerke zur alten Geschichte Amerikas*, vol. VII, Stuttgart, W. Kohlhammer, 1958.

Díaz del Castillo, Bernal, *Historia verdadera de la conquista de la Nueva España*, 2 vols., México, Porrúa, 1955.

Durán, fray Diego, *Historia de las Indias de Nueva España y Islas de Tierra Firme*, 2 vols., y Atlas, México, publicado por José F. Ramírez, 1867-1880.

Fernández, Justino, *Coatlicue, estética del arte indígena antiguo*, prólogo de Samuel Ramos, México, Centro de Estudios Filosóficos, 1954 (2ª ed., México, Instituto de Investigaciones Estéticas, 1960).

————, *Arte mexicano, de sus orígenes a nuestros días*, México, Porrúa, 1958.

Fernández, Justino, "Una aproximación a Xochipilli", *Estudios de Cultura Náhuatl*, vol. I, México, UNAM, 1959, pp. 31-41.

Gamio, Manuel, y otros, *La población del Valle de Teotihuacán*, 3 vols., México, Dir. de Talleres Gráficos de la Nación, 1922.

García Icazbalceta, Joaquín, *Nueva colección de documentos para la historia de México*, 5 vols., México, 1886-1892.

Garibay K., Ángel M., *Llave del náhuatl*, colección de trozos clásicos con gramática y vocabulario, para utilidad de los principiantes, México, Otumba, 1940.

————, *Poesía indígena de la altiplanicie*, Bibl. del Estudiante Universitario, núm. 11, México, 1940, 2ª ed., 1952.

————, "Huehuetlatolli, Documento A", *Tlalocan*, vol. I (1943), pp. 31-53 y 81-107.

————, *Épica náhuatl*, Biblioteca del Estudiante Universitario, núm. 51, México, 1945.

————, "Paralipómenos de Sahagún", *Tlalocan*, vol. I (1943-1944), pp. 307-313; vol. II (1946), pp. 167-174 y 249-254.

————, "Relación breve de las fiestas de los dioses", fray Bernardino de Sahagún, *Tlalocan*, vol. II (1948), pp. 289-320.

————, *Historia de la literatura náhuatl*, 2 vols., México, Porrúa, 1953-1954.

————, Prólogo e introducciones a cada uno de los libros de la *Historia general de las cosas de Nueva España*, por fray Bernardino de Sahagún, 4 vols., México, Porrúa, 1956.

298

Garibay, K., Ángel M., *Veinte himnos sacros de los nahuas*, Informantes de Sahagún 2, Seminario de Cultura Náhuatl, Instituto de Historia, Universidad Nacional Autónoma de México, 1958.

———, *Xochimapichtli*, colec. de poemas nahuas, paleografía, versión, introducción y notas de Á. M. Garibay K., México, Ediciones Culturales Mexicanas, 1959.

Ixtlilxóchitl, Fernando de Alva, *Obras completas*, 2 vols., México, 1891-1892.

Katz, Friedrich, "Die Sozialökonomischen Verhältnisse bei den Azteken im 15. und 16. Jahrhundert", en *Ethnographish-archäologische Forschungen*, 3, parte 2, Veb Deutscher Verlag der Wissenschaften, Berlín, 1956.

Lehmann, Walter, "Die Geschichte der Königreiche von Colhuacan und Mexico", en *Quellenwerke zur alten Geschichte Amerikas*, vol. I, texto con traducción de Walter Lehmann, Stuttgart, W. Kohlhammer, 1938.

——— *Sterbende Götter und Christliche Heilsbotschaft*, Wechselreden Indianischer Vornehmer und Spanischer Glaubenapostel in Mexiko, 1524, texto español y náhuatl con traducción alemana, Stuttgart, W. Kohlhammer, 1949.

León-Portilla, Miguel, *La filosofía náhuatl, estudiada en sus fuentes*, 2ª ed., México, Universidad Nacional Autónoma de México, 1959.

———, *Ritos, sacerdotes y atavíos de los dioses*, Informantes de Sahagún 1, Seminario de Cultura Náhuatl, Instituto de Historia, Universidad Nacional Autónoma de México, 1958.

León-Portilla, Miguel, *Siete ensayos sobre cultura náhuatl,* Colec. Facultad de Filosofía y Letras, 31, Universidad Nacional Autónoma de México, 1958.

Martín del Campo, Rafael, "La anatomía entre los mexica", en *Revista de la Sociedad Mexicana de Historia Natural,* t. XVII, núms. 1-4, México, diciembre de 1956, pp. 146-167.

McAfee, Byron, y Robert H. Barlow, *Diccionario de elementos fonéticos en escritura jeroglífica (Códice Mendocino),* México, Instituto de Historia, 1949.

Mendieta, fray Gerónimo de, *Historia eclesiástica indiana,* México, 1870, reimpreso por Chávez Hayhoe, México, 1945.

Mengin, Ernst, *Historia tolteca-chichimeca,* vol. I del *Corpus Codicum Americanorum Medii Aevi,* Copenhague, Sumptibus Einar Munksgaard, 1942.

———, y Konrad Preuss, *Die mexikanische Bilderhandschrift. Historia tolteca-chichimeca,* traducción y notas..., *Baessler Archiv,* partes 1-2, Berlín, 1937-1938.

Molina, fray Alfonso de, *Vocabulario en lengua castellana y mexicana,* ed. facs. de Col. de Incunables Americanos, vol. IV, Madrid, 1944.

Motolinía, fray Toribio, *Memoriales,* París, 1903.

Muñoz Camargo, Diego, *Historia de Tlaxcala,* México, Ed. Chavero, 1892.

Olmos, fray Andrés de, *Ms. en náhuatl (Huehuetlatolli),* original en Biblioteca del Congreso, Washington, fotocopia biblioteca del doctor Garibay.

Olmos, fray Andrés de, *Arte para aprender la lengua mexicana*, París, 1875.

——— (?), *Historia de los mexicanos por sus pinturas*, en Nueva Colección de Documentos para la Historia de México, Joaquín García Icazbalceta, México, 1891.

Orozco y Berra, Manuel, *Historia antigua y de la conquista de México*, 4 vols., y Atlas, México, 1880.

Paso y Troncoso, Francisco del, *Leyenda de los soles*, Florencia, 1903.

Peñafiel, Antonio, *Cantares mexicanos*, Ms. de la Biblioteca Nacional, copia fotográfica, México, 1904.

Pomar, Juan Bautista, *Relación de Texcoco*, en Nueva Colección de Documentos para la Historia de México, Joaquín. García Icazbalceta, México, 1891.

Sahagún, fray Bernardino de, *Historia general de las cosas de Nueva España*, ed. Bustamante, 3 vols., México, 1829; ed. Robredo, 5 vols., México, 1938; ed. Acosta Saignes, 3 vols., México, 1946; ed. Porrúa, preparada por el doctor Garibay, 4 vols., México, 1956.

Schultze Jena, Leonhard, *Wahrsagerei, Himmelskunde und Kalender der alten Azteken*, aus dem aztekischen Urtext Bernardino de Sahagún's, en *Quellenwerke zur alte Geschichte Amerikas*, vol. IV, Stuttgart, W. Kohlhammer, 1950.

———, *Gliederung des alt-aztekischen Volks in Familie Stand und Beruf*, aus dem aztekischen Urtext Bernardino de Sahagún's, en *Quellen-*

werke zur alte Geschichte Amerikas, t. V, Stuttgart, W. Kohlhammer, 1952.

Schultze Jena, Leonhard, *Alt-aztekische Gesänge,* nach einer in der Bibl. Nacional von Mexiko aufbewahrten Handschrift, traducción y notas..., *Quellenwerke zur alten Geschichte Amerikas,* vol. VI, Stuttgart, W. Kohlhammer, 1957.

Seler, Eduard, *Gesammelte Abhandlungen zur Amerikanischen Sprach und Altertumskunde,* 5 vols., Berlín, Ascher und Co. (y) Behrend und Co., 1902-1923.

Séjourné, Laurette, *Burning Water, Thought and Religion in Ancient Mexico,* Londres-Nueva York, Thames and Hudson, 1957. (Hay versión castellana de Arnaldo Orfila editada por el Fondo de Cultura Económica: *Pensamiento y religión en el México Antiguo,* México, 1957.)

————, *Un palacio en la ciudad de los dioses,* México, Instituto Nacional de Antropología e Historia, 1959.

Siméon, Rémi, *Dictionnaire de la langue nahuatl,* París, 1885.

Soustelle, Jacques, *La pensée cosmologique des anciens mexicains,* París, Hermann et Cie., 1940.

————, *La vie quotidienne des azteques à la veille de la Conquête espagnole,* París, Libraire Hachette, 1955. (Versión castellana publicada por el Fondo de Cultura Económica, 2ª reimpresión corregida, México, 1970.)

————, "Apuntes sobre la psicología colectiva y el sistema de valores en México antes de la Conquista", en *Estudios antropológicos publicados en homenaje al doctor Manuel Gamio,* pp. 497-502, Universidad Nacional Autónoma de México, 1956.

Tezozómoc, F. Alvarado, *Crónica mexicana,* ed. de Vigil, reimpreso por Editorial Leyenda, México, 1944.

————, *Crónica Mexicáyotl,* paleografía y versión al español de Adrián León, México, Imprenta Universitaria, 1949.

Thevet, André, "Histoire du Mechique", en *Journal de la Societé des Americanistes de Paris,* t. II, pp. 1-41.

Torquemada, fray Juan de, *Los 21 libros rituales y monarquía indiana,* 3 vols., fotocopia de la 2ª ed., Madrid, 1723.

Toscano, Salvador, *Arte pre-colombino de México y de la América Central,* 2ª ed., México, Instituto de Investigaciones Estéticas, 1952.

Tovar, Juan de, S. J., *Historia de los indios mexicanos (Códice Ramírez),* México, 1944.

Vaillant, George C., *The Aztecs of Mexico, Origin, Rise and Fall of the Aztec Nation,* Nueva York, Doubleday, 1941. (Versión castellana publicada por el Fondo de Cultura Económica, México, 2ª ed., 1955.)

Villoro, Luis, *Los grandes momentos del indigenismo en México,* México, El Colegio de México, 1950.

Zantwijk, Rudolf, A. M., "Aztec Hymns as the Expression of the Mexican Philosophy of Life", en *Internationales Archiv für Ethnographie,* vol. XLVIII, núm. 1, Leiden, 1957, pp. 67-118.

Zurita, Alonso de, *Breve y sumaria relación de los señores de la Nueva España*, en "Nueva Colección de Documentos para la Historia de México", Joaquín García Icazbalceta, México, 1891.

ÍNDICE ANALÍTICO

311

ÍNDICE DE FIGURAS

ÍNDICE GENERAL

*Los antiguos mexicanos a través de
sus crónicas y cantares,* de Miguel León-Portilla,
se terminó de imprimir y encuadernar en septiembre de 2015
en Impresora y Encuadernadora Progreso, S. A de C. V. (IEPSA),
calzada San Lorenzo, 244; 09830 México, D. F.
La edición, bajo el cuidado de *Víctor H. Romero,*
consta de 2 200 ejemplares.